马克思主义政治经济学基础理论研究（Ⅲ）

赵锦辉◎著

RESEARCH ON BASIC THEORY *of* MARXIST POLITICAL ECONOMY（Ⅲ）

中国经济出版社
CHINA ECONOMIC PUBLISHING HOUSE
北 京

图书在版编目（CIP）数据

马克思主义政治经济学基础理论研究（Ⅲ）/ 赵锦辉著 .
北京：中国经济出版社，2017.12（2023.8 重印）
ISBN 978-7-5136-4853-0

Ⅰ.①马… Ⅱ.①赵… Ⅲ.①马克思主义政治经济学—理论研究 Ⅳ.①F0-0

中国版本图书馆 CIP 数据核字（2017）第 222884 号

责任编辑 赵静宜
责任印制 巢新强
封面设计 久品轩

出版发行 中国经济出版社
印 刷 者 三河市同力彩印有限公司
经 销 者 各地新华书店
开 本 710mm×1000mm 1/16
印 张 13
字 数 195 千字
版 次 2017 年 12 月第 1 版
印 次 2023 年 8 月第 2 次
定 价 49.80 元
广告经营许可证 京西工商广字第 8179 号

中国经济出版社 **网址** www.economyph.com **社址** 北京市东城区安定门外大街 58 号 **邮编** 100011
本版图书如存在印装质量问题，请与本社销售中心联系调换（联系电话：010-57512564）

目　录

第一章　马克思的价值转形理论研究

转形问题，即价值转化为生产价格的问题，是马克思经济学中一个有争议的问题。研究转形问题，有助于加深对马克思的价值—价格理论的认识，为深化价格理论研究提供新的思路。

第一节　马克思价值转形理论的思想来源

马克思的转形理论是在批判地继承亚当·斯密和李嘉图的自然价格理论基础上发展起来的。

一、亚当·斯密的自然价格理论

亚当·斯密认为自然价格就是价值，自然价格在数量上等于按自然率计算的地租+按自然率计算的工资+按自然率计算的利润。① 从公式中可以看出，按自然率计算的工资、利润和地租之和决定了自然价格。因此，只要能确定按自然率计算的工资、利润和地租，自然价格就确定了。但是，斯密在阐述

① 该定义的原文如下："当任何商品的价格不多不少，恰恰足以支付在生产、制造这种商品并将其送入市场所使用的土地、劳动和资本的地租、工资和利润时（根据它们的自然率），这种商品就可以说是按它的所谓的自然价格出售的。因此这种商品就恰恰是按照它的价值出售的。"（亚当·斯密：《国富论》（上），陕西人民出版社 2001 年版，第 73 页。）

自然率的决定因素时，在逻辑上存在着不一致之处。

（1）他在阐述工资的自然率决定因素时存在着循环论证。他认为工资的自然率取决于必要生活资料的价值，即必要工资。然而，马克思指出工资自然率的问题是："必要生产资料的价值，也就是说，商品的价值，是由什么决定的？"① 由于他认为是工资、利润和地租决定商品价值，因此，这里存在着循环论证，即"工资的价格是由生活资料的价格决定的，而生活资料的价格是由工资的价格决定的"②。

（2）他未理解利润自然率的形成机制。他指出可以根据利息率判断利润自然率，也明确利润与所用资本成比例，但是他指出，"要确定在一个大国中经营的所有不同行业的平均利润，一定会更加困难；要比较准确地判断在以前即在过去遥远的时期内平均利润是怎样，一定是完全不可能的"③。可见，斯密未理解利润自然率的形成机制。

（3）他对地租的论述也是前后矛盾。他一方面在《国富论》第六章中指出工资、利润和地租是价值的最初来源。因此，工资、利润和地租决定商品价值；另一方面又在《国富论》第十一章中认为地租构成商品价值一部分的方式，是同工资和利润不同的。工资和利润的高低，是价值高低的原因；地租的高低，则是价值高低的结果。可见，在第六章中，地租是决定价值的因素，而在第十一章中，地租却成为价值的被决定因素。这里存在着前后矛盾。

为什么斯密的自然价格公式存在上述问题呢？可以从逻辑和历史这两方面进行分析：

从逻辑上说，斯密的自然价格是建立在价值理论基础上，斯密的价值理

---

① 马克思：《剩余价值理论》，《马克思恩格斯全集》第26卷（中），人民出版社1973年版，第247页。

② 马克思：《剩余价值理论》，《马克思恩格斯全集》第26卷（中），人民出版社1973年版，第247页。

③ 亚当·斯密：《国富论》（上），陕西人民出版社2001年版，第114页。

论又是多元的，多元的价值理论导致其自然价格理论在逻辑上存在诸多问题。①

斯密认为在资本积累和土地私有以前的早期未开化时期，价值由耗费劳动决定。他以海狸和鹿的交换为例，指出如果杀死一只海狸所花费的劳动时间是杀死一只鹿所花费劳动时间的 2 倍，则海狸的价值是鹿的价值的 2 倍。但是，到了资本主义社会，由于出现了雇佣关系，价值就不是由耗费劳动决定，而是由购买劳动决定的。资本家之所以购买工人的劳动力，是要求工人劳动所创造的价值不仅要能够补偿资本家发给他的工资，而且要能够给资本家创造利润。斯密正是从这里出发，将商品价值分解为工资、利润和地租。斯密将单个商品的价值分为这三个部分后，认为所有商品的价值也可以分为这三个部分，分给该国的居民。进而他认为工资、利润和地租是所有价值的

① 斯密到底提出了几种价值决定理论，理论界众说纷纭。马克思从学说批判史的角度重点分析了斯密著作中两种不同的价值规定，即价值决定于商品中包含的已耗费的劳动量；价值决定于用这个商品可以买到的活劳动量。熊彼特为《国富论》写的读者指南中指出斯密提出了 3 种互不相容的劳动价格理论，即耗费劳动论、购买劳动论和劳动负效用论，但是斯密实际上是想用生产成本解释商品价格。（亚当·斯密：《国富论》（上），陕西人民出版社 2001 年版，第 37-38 页。）陈岱孙认为斯密实际上区分了作为“真实尺度”购买劳动和作为“真实价格”的耗费劳动。因此，其价值决定理论是包括由收入构成“真实价格”和由耗费劳动构成“真实价格”这两个互相矛盾的二元论。（陈岱孙：《从古典经济学派到马克思》，北京大学出版社 1996 年版，第 70-71 页）。笔者认为，斯密一共提出了 5 种价格决定理论：1. 耗费劳动论。斯密指出，“在资本积累和土地私有以前的早期未开化社会状态下，获得各种物品所必需的劳动数量之间的比例，似乎是能为各种物品互相交换提供任何准则的惟一条件”。（亚当·斯密：《国富论》（上），陕西人民出版社 2001 年版，第 61 页）这里，价值就是由耗费劳动决定的。斯密还指出，“每一件东西的真实价格，即每一件东西对于想要得到它的人的实际价值，是获得它时所付出的辛苦和麻烦”。这里的辛苦和麻烦可以理解为耗费劳动。（亚当·斯密：《国富论》（上），陕西人民出版社 2001 年版，第 41 页）2. 购买（支配）劳动论。斯密指出，“任何商品的价值，对拥有它但不想自己消费它而是要用它来交换其他商品的人来说，等于该商品能使他购得或支配的劳动的数量”。（亚当·斯密：《国富论》（上），陕西人民出版社 2001 年版，第 41 页）3. 劳动负效用论。斯密指出，“每一件东西对于已经得到它并想要处理它或用它来交换别的东西的人来说，它实际所值，是它能为自己省去的并能加诸他人身上的辛苦和麻烦”。（亚当·斯密：《国富论》（上），陕西人民出版社 2001 年版，第 41-42 页）这里，省去的辛苦和麻烦就是负效用。4. 生产成本（费用）价值论。斯密指出，“工资、利润和地租是所有收入和所有交换价值的最初来源”。（亚当·斯密：《国富论》（上），陕西人民出版社 2001 年版，第 66 页）这里的工资、利润和地租就是生产成本。5。支配力价值论。斯密指出，“拥有财富立即地直接地给他带来的权力是购买力，一种对所有劳动的支配力，……每一种东西的交换价格，一定总是恰恰等于它给它的拥有者带来的这种力量的大小”。（亚当·斯密：《国富论》（上），陕西人民出版社 2001 年版，第 42 页。）

最初源泉。因此，工资、利润和地租就由支配劳动论中商品价值的三个组成部分变成独立的源泉，成为商品的生产费用。生产费用就是商品的真实成本。斯密认为按自然价格出售，就能够补偿真实成本，即商品的生产费用，从而他将自然价格与价值等同起来。

可见，斯密将自然价格和价值等同起来，这里所等同的价值是指生产费用决定的价值。生产费用价值论的错误之处在于将价值分割当作价值决定的源泉。斯密从这种错误的理论出发阐述自然价格理论，必然导致其自然价格理论存在诸多问题。

从历史上说，斯密无法以同一的价值理论解释不同历史时期的经济现象。简单商品生产条件下，商品生产所有权规律是生产领域的基本规律；资本主义商品生产条件下，商品生产所有权规律转变为资本主义占有规律。斯密觉察到商品生产领域这种规律的变化，但由于他将劳动和劳动力混淆起来，故无法对其做出同一的解释，从而由耗费劳动论转向了购买劳动论。进而，他又被资本主义社会竞争的表象所迷惑，从而由购买劳动论转向生产费用价值论，并将生产费用价值论与自然价格等同起来，这是其自然价格理论存在错误的历史原因。

二、李嘉图的自然价格理论

李嘉图指出自然价格就是价值，其在数量上等于使商品获得一般利润率的价值。①

由于将自然价格和价值等同起来，故导致该理论不能解决等量资本获得

① 该定义的原文是："当我们把劳动作为商品价值的基础，并把商品生产所需的相对劳动量作为商品交换中各自应给付数量的标准尺度时，人们不要认为我是在否认商品的实际价格或市场价格与其原始价格或自然价格之间存在的偶然的和暂时的偏差。"（李嘉图：《政治经济学及赋税原理》，华夏出版社2005年版，第61页。）可见，李嘉图认为这里的自然价格就是价值。同时，他又认为自然价格就是生产价格。他指出，"让我们假设一切商品都按其自然价格出售，因此用于各种用途的资本利润率正好相等，或者略有差额，但这种差额在各方的估价当中也应等于他们所享有或已放弃的现实的或想像的有利条件。"（李嘉图：《政治经济学及赋税原理》，华夏出版社2005年版，第62页。）因此，李嘉图一方面认为自然价格就是价值，另一方面认为自然价格就是生产价格，从而将两者等同起来。

等量利润与价值规律相矛盾的问题。假设两个等量资本，其资本有机构成分别为80c：20v和75c：25v，假设其剩余价值率都为100%，则根据价值规律，第一个资本获得的剩余价值为20，第二个资本获得的剩余价值为25。利润作为剩余价值的转化形式，则它们所获得的利润也不相等。根据价值规律，等量资本获得不等量利润。

然而，在资本主义生产中，“商品不只是当作商品来交换，而是当作资本的产品来交换”①。故此，等量资本要求获得等量利润。而李嘉图的自然价格理论不能解决这个问题。

之所以该理论存在上述问题，可以从逻辑和历史两方面进行分析：

从逻辑上说，他不能区分剩余价值和利润。李嘉图是在将剩余价值和利润等同的条件下讨论自然价格理论的。这就使他不可能明白从价值到自然价格还有一系列的中介环节。

进一步说，他指出资本的流动造成利润率的平均化。由于资本追逐最大利润，故“所有资本使用者都愿意放弃利润较少的行业去追求有较高利润的行业。这种愿望极强地促使利润平均化，或者使之成为某种比例，以致在各方的估价当中，一方已经具有的或看来具有的优势能抵消另一方的任何有利条件”②。但是，他指出“也许很难追溯发生这种变化的步骤”③。可见，他虽然指出了利润率平均化的原因，但他不理解一般利润率的形成机制。相反，他是将其作为既定的前提，去研究由于固定资本和流动资本的比例不同以及由于资本耐久性不同而对商品价值的影响。马克思指出，如果不将一般利润率置于价值理论的基础上，则“平均利润就是无中生有的平均，就是纯粹的幻想。那样的话，平均利润率就既可以是10%，也可以是1000%”。④

因此，正是由于其未能区分剩余价值和利润，并且将一般利润率作为既定的前提，而不去探讨一般利润率的形成机制，才导致其将自然价格和价值

① 《马克思恩格斯文集》第7卷，人民出版社2009年版，第196页。

② 李嘉图：《政治经济学及赋税原理》，华夏出版社2005年版，第61页。

③ 李嘉图：《政治经济学及赋税原理》，华夏出版社2005年版，第61页

④ 马克思：《剩余价值理论》，《马克思恩格斯全集》第26卷（中），人民出版社1973年版，第210页。

等同起来，从而无法解决等量资本获得等量利润和价值规律之间的矛盾问题。

从历史的角度分析，由于他把资本主义社会当作唯一的社会形式，故他不理解商品生产在其发展过程中经历了简单商品生产和资本主义商品生产这两个阶段，从而导致他将自然价格和价值等同起来。这是他的自然价格理论存在问题的历史原因。

可见，由于亚当·斯密和李嘉图将自然价格和价值等同起来，导致其在逻辑上存在诸多问题。马克思通过转形理论，将价值转化为生产价格，从而解决了由于将这两者混淆所带来的种种问题。

第二节　马克思价值转形理论的主要内容

转形问题是一个系统问题。它包括四个方面的问题：即转形内涵、转形目的、转形过程和转形后果这四个问题。

一、转形内涵

转形内涵包含质和量两个层次：

（1）就质的角度而言，转形是指价值向生产价格的转化。生产价格的定义是建立在价值概念基础上的。马克思通过劳动二重性概念抽象出价值。单个商品的价值可以分割为 C、V、M 三个部分。C+V 部分"只是补偿商品使资本家自身耗费的东西，所以对资本家来说，这就是商品的成本价格"①。利润是剩余价值的转化形式。平均利润是各个部门的利润率转化为平均利润率后，各个部门按平均利润率计算的归于一定量资本的利润。商品的生产价格等于成本价格加上平均利润。可见，生产价格没有脱离价值，而是以价值为基础

① 《马克思恩格斯文集》第 7 卷，人民出版社 2009 年版，第 30 页。

形成的。马克思指出："生产价格以一般利润率的存在为前提；而这个一般利润率，又以每个特殊生产部门的利润率已经分别化为同样多的平均率为前提。这些特殊的利润率在每个生产部门都＝m/c，并且像本册第一篇所作的那样，它们要从商品的价值引申出来。"①

因此，转形是价值体系内部的变化，生产价格是价值的转化形式。②

（2）从量的角度分析，转形是价值量的再分配。这有三层含义：①单独从一次价值创造过程看，这种分配首先是剩余价值量的再分配。生产价格是以一般利润率的存在为前提的，因此，一旦形成一般利润率，商品的价值就会从 C+V+M 变为（C+V）（1+R），这里的 R 等于剩余价值总和除以成本价格总和。可见，价值转化为生产价格首先意味着剩余价值的再分配。此时，资本有机构成高于社会平均资本有机构成的商品，其生产价格就会高于转形前的商品价值；资本有机构成低于社会平均资本有机构成的商品，其生产价格就会低于转形前的商品价值；资本有机构成等于社会平均资本有机构成的商品，其生产价格就会等于转形前的商品价值。因此，转形首先意味着剩余价值的再分配。②转形还意味着价值量的再分配。一旦一般利润率形成后，由于剩余价值的再分配导致商品生产价格与价值不同，必然导致成本价格也要重新再分配。也就是说，如果转形前成本价格按价值计算的话，转形后成本价格必须按生产价格计算，从而对价值量进行再分配。③就总量而言，由于生产价格是由价值转化而来，故价值总量等于生产价格总量。

因此，转形是价值体系内部的转化，是价值量的再分配。

---

① 《马克思恩格斯文集》第 7 卷，人民出版社 2009 年版，第 176 页。

② 转形问题的英文原文是 Transformation Problem，国内在翻译时有三种译法：一种译为转型问题，一种译为转化问题，还有一种译为转形问题。笔者认为，译为转形问题是比较妥当的。因为转型中的型，中文含义是模型、类型，一种模型转变为另一种模型，通常意味着事物发生了质的转变。同样，转化中的化，中文含义为变化，它通常指事物从一种事物变化为另一种事物，通常也隐含着事物间质的变化，而价值转变为生产价格是价值体系内部的变化，这种转变不是事物之间质的变化，因此，译为转型问题或转化问题是不妥的。译为转形，形在中文中指形状、形式，转形表示价值体系从一种形式转变为另一种形式，而其本质没有改变，故较妥。

二、转形目的

转形目的，就是研究价值为什么要转化为生产价格。从根本上说，价值转形深化了对资本主义生产关系的研究。

在资本主义社会中，劳资关系是最基本的关系。劳资关系的核心是工人创造的剩余价值被资本家无偿占有。在《资本论》第一卷中，马克思以单个资本家和单个工人为代表，为我们勾勒了一幅劳资关系的图景。虽然这种描述揭示了资本主义社会最基本的关系，但还不足以揭示资本主义社会的全部生产关系。马克思是从三个方面入手深化这种描述的：①既然单个工人和单个资本家的关系是围绕剩余价值展开的，那么工人阶级和资产阶级的关系如何？②在《资本论》第一卷中，劳资关系中的资方是以产业资本家为代表的，而现实中，除了产业资本家，还有商业资本家，金融资本家和租地农场主，他们之间的关系如何？他们和工人阶级的关系又是如何？③资本主义社会除了工人阶级和资产阶级这两大阶级，还有土地所有者，他们与工人阶级和资产阶级的关系如何？

价值转化为生产价格为回答这三个问题起到了中介作用。①就工人阶级和资产阶级而言，单个工人创造的剩余价值归资本家所有，整个工人阶级创造的总剩余价值归整个资产阶级所有。一旦从总体上分析剩余价值，则单个工人创造的全部剩余价值能否归雇佣他的资本家所有，就不仅取决于该资本家对其剥削的程度，还取决于资本家之间的斗争。②产业资本、商业资本、金融资本、租地农场主之间既斗争，又合作。他们在剥削工人阶级时有着共同的利益，这时他们是一个整体。同时，为了尽可能从总剩余价值中多分一份，他们之间必然展开斗争。斗争的结果要求等量资本获得等量利润。③土地所有者和资产阶级的关系也是既斗争，又合作。在剥削工人这方面，土地所有者和租地农场主之间有共同的利益。他们都希望尽可能多地榨取工人创造的剩余价值。在分割剩余价值时，土地所有者和租地农场主之间存在着斗争。这种斗争的结果是将超过平均利润的超额利润转化为地租。不论是等量资本获得等量利润，还是超额利润转化为地租，其前提条件都是一般利润率的出现。而一般利润率的出现是转形理论研究的范围。

因此，转形在《资本论》的理论体系中处于承上启下的地位，它为深化资本主义社会生产关系的研究起到了中介作用。

三、对转形逻辑过程的证明

转形过程是价值转化为生产价格的过程。马克思的分析可以概括为下列两个模型：

模型Ⅰ：假设条件：①有五个不同的生产部门，投在这五个生产部门的资本量都等于100，但各个生产部门的资本有机构成不同；②剩余价值率在每个生产部门都相同，都等于100%；③各部门商品的不变资本全部一次消耗，其价值全部转移到产品中去；④各部门的资本周转时间相同；⑤各部门商品的成本价格按价值计算，产品按生产价格出售。

根据假设条件，可以得到表1-1：

表1-1　成本价格按价值计算的价值转形

资本	剩余价值率	剩余价值	利润率	转移的旧价值	再生产的可变资本	商品价值	平均利润率	平均利润	生产价格	生产价格与价值差
Ⅰ 80C+20V	100%	20	20%	80	20	120	22%	22	122	2
Ⅱ 70C+30V	100%	30	30%	70	30	130	22%	22	122	-8
Ⅲ 60C+40V	100%	40	40%	60	40	140	22%	22	122	-18
Ⅳ 85C+15V	100%	15	15%	85	15	115	22%	22	122	7
Ⅴ 95C+5V	100%	5	5%	95	5	105	22%	22	122	17
合计		110		390	110	610		110	610	0

从该表可以看出，这里，未发生价值转形前，等量资本获得的利润是不相等的。设五个部门的资本总额等于500，它们生产的剩余价值总额等于110，商品的总价值等于610。如果把500看成一个资本，Ⅰ—Ⅴ是这个资本

的不同部分，则500资本的平均构成为390C+110V，用百分比表示就是78C+22V。每100资本都会得到22的平均剩余价值，即平均利润率R=∑M/∑（C+V）=110/500=22%。一定量预付资本根据平均利润率获得的利润就是平均利润P=K＊R=22。从表1-1中可以得出，随着利润转变为平均利润，价值就转化为生产价格。生产价格等于成本价格加平均利润即W=K+K＊R。每100资本所获得的平均利润都等于22，等量资本获得等量利润。剩余价值总额等于平均利润总额，价值总额等于生产价格总额，两个等式同时成立。

马克思指出："在谈到不同资本每100所生产的商品的价值时，必须考虑到，商品价值会因c中由固定组成部分和流动组成部分之比不同而不同，并且不同资本的固定组成部分又会快慢不等地损耗，从而在相同的时间内把不等的价值量加入产品。"① 假定五个部门商品的不变资本以不同的部分加入产品价值时，可以对模型Ⅰ的假设3进行修改，从而得出模型Ⅱ。

模型Ⅱ：假设条件：①有五个不同的生产部门，投在这五个生产部门的资本量都等于100，但各个生产部门的资本有机构成不同；②剩余价值率在每个生产部门都相同，都等于100%；③各部门商品的不变资本以不同部分加入产品价值；④各部门的资本周转时间相同；⑤各部门商品的成本价格按价值计算，产品按生产价格出售。

根据上述假设条件，可以得到表1-2：

表1-2　成本价格按价值计算的价值转形修正表

资本	剩余价值率	剩余价值	利润率	已经用掉的C	成本价格	商品价值	平均利润率	平均利润	生产价格	生产价格与价值之差
Ⅰ80C+20V	100%	20	20%	50	70	90	22%	22	92	2
Ⅱ70C+30V	100%	30	30%	51	81	111	22%	22	103	-8
Ⅲ60C+40V	100%	40	40%	51	91	131	22%	22	113	-18
Ⅳ85C+15V	100%	15	15%	40	55	70	22%	22	77	7
Ⅴ95C+5V	100%	5	5%	10	15	20	22%	22	37	17
合　计		110		202		422		110	422	

①《马克思恩格斯文集》第7卷，人民出版社2009年版，第175页。

在表 1-2 中，虽然不变资本的固定组成部分消耗的快慢不同，并且因此在相同的时间内把不等量的价值转移到产品中去，但这只影响成本价格的高低，进而影响商品价值及生产价格的绝对量，并不影响平均利润率的形成。

从表 1-2 中可以看到，利润转变为平均利润，价值就转化为生产价格。每 100 资本获得的平均利润为 22，等量资本获得等量利润。随着平均利润总额$\sum P=110$，商品中所包含的剩余价值总额$\sum M=110$，故$\sum P=\sum M$；商品的生产价格总额$\sum (K+P)=422$，商品的价值总额$\sum (C+V+M)=422$，故$\sum (C+V+M)=\sum (K+P)$。剩余价值总额等于平均利润总额，价值总额等于生产价格总额，两个等式同时成立。

从上述分析可知，马克思已经基本解决了转形的逻辑证明过程。在马克思的证明中，利润转变为平均利润，价值就转化为生产价格；五个部门的资本额都相等，它们所获得的平均利润都相等。等量资本之所以获得等量利润，就是因为一般利润率的出现。一般利润率的出现又是建立在价值规律基础上的；而且，两个等式同时成立。因此，马克思已经基本解决了转形的逻辑证明问题。

四、对转形历史过程的论证

价值转化为生产价格的关键在于一般利润率的形成。利润率的平均化是通过竞争形成的。之所以有竞争，有两个原因：一是来源于企业追逐利润最大化的动力；二是来源于企业生存的压力。正是这两个原因才使企业之间不断地展开竞争。这种竞争，一方面导致“同一领域的产品按同一市场价值出卖，因而竞争以强制的方式造成不同的利润率，即造成对一般利润率的偏离”①。另一方面，“对一切投资来说，利润率都必须是相同的，或者说，竞争造成一般利润率”②。马克思指出，“第一个规律适用于投入同一生产领域

① 马克思：《剩余价值理论》，《马克思恩格斯全集》第 26 卷（中），人民出版社 1973 年版，第 229 页。

② 马克思：《剩余价值理论》，《马克思恩格斯全集》第 26 卷（中），人民出版社 1973 年版，第 229 页。

的不同的独立资本。第二个规律适用于投入不同生产领域的资本。竞争通过它的第一种作用造成市场价值，即为同一生产领域的商品造成同一价值，虽然这同一价值必然要产生不同的利润。因此，竞争不顾不同的利润率，或者不如说，利用不同的利润率，通过它的第一种作用造成同一价值。竞争通过它的第二种作用（不过，第二种作用是以另一种方式实现的；这是不同领域的资本家之间的竞争，它使资本从一个领域转移到另一个领域，而前面所说的那种竞争，只要不是在买者之间进行，则是发生在同一领域的资本之间），造成费用价格，即造成不同生产领域的同一利润率，虽然这同一利润率与价值不等的情况相矛盾，因而只有通过不同于价值的价格才能造成"①。

可见，正是通过竞争的第二种作用，才使资本从一个领域转移到另一个领域，从而形成不同于价值的生产价格。资本之所以从一个领域转移到另一个领域，则是资本追逐利润最大化的必然结果。不同生产部门由于投入资本的有机构成不同，必然会形成不同的利润率。同样的资本量，投在不同的生产部门，就会产生不同的利润。资本的天性就是追逐利润最大化，这样，利润率低的部门资本就会流出，利润率高的部门资本就会流入。资本的流动必然导致供求关系的变动。"通过资本在不同部门之间根据利润率的升降进行的分配，供求之间就会形成这样一种比例，使不同的生产部门都有相同的平均利润，因而价值也就转化为生产价格。"②

五、转形结果

转形的实质是价值体系内部的转化，是价值量的再分配。价值转化为生产价格后，虽然每个部门工人创造的商品价值仍然为 V_i+M_i，但是其分配却按照 $V_i+r(C_i+V_i)$（$r=\sum M/\sum(C+V)$），每个部门的工人得到其中的 V_i，每个部门的资本家得到 $r(C_i+V_i)$，从而使价值创造和价值分配分离开来。这带

① 马克思：《剩余价值理论》，《马克思恩格斯全集》第 26 卷（中），人民出版社 1973 年版，第 229 页。

② 《马克思恩格斯文集》第 7 卷，人民出版社 2009 年版，第 218 页。

来三个结果：

（1）转形掩盖了价值由工人创造的本质，使剥削变得更加隐蔽。转形前，工人创造的剩余价值为 M_i，资本家得到的也是 M_i，资本家得到的剩余价值，进而利润就是由该部门的工人创造的，这里工人受到该部门资本家的剥削是很明显的。但是，价值转化为生产价格后，每个部门工人创造的价值仍为 M_i，但是该部门资本家得到的却是 $r(C_i+V_i)$。工人创造的剩余价值和资本家得到的剩余价值不一致。资本有机构成低于社会资本平均有机构成的部门其所获得的利润低于该部门工人所创造的剩余价值，资本有机构成高于社会资本平均有机构成的部门其所获得的利润高于该部门工人所创造的剩余价值，这就使剥削变得更加隐蔽。

（2）既然本质被掩盖起来，则现象与本质之间的脱节就更严重。其结果是资本从表面看成为利润的独立源泉。转形后，由于等量资本获得等量利润，这就掩盖了工人创造的剩余价值是利润源泉的事实，使得资本变为利润的源泉。现在的情况是，有多少资本，就要获得多少利润，资本额越大，所获得的利润就要越大。资本成为利润的独立源泉。资本成为利润独立源泉的同时，劳动和土地也成为工资和地租的独立源泉，因此在现象上出现了三位一体的收入分配公式。

三位一体公式的错误之处在于将要素按所有权分配和要素按贡献分配混淆起来。之所以资本获得利润，劳动获得工资，土地获得地租，其原因在于所有权，而不是它们都为价值创造做出了贡献。"劳动力的、资本的和土地的所有权，就是商品的这些不同的价值组成部分所以会分别属于各自的所有者，并转化为他们的收入的原因。"① 进一步说，之所以所有权决定分配，是以生产条件的分配为前提的。"这种分配关系赋予生产条件本身及其代表以特殊的社会的质。它们决定着生产的全部性质和全部运动。"②

但是，三位一体公式却认为资本、劳动和地租之所以获得利润、工资和地租，是因为它们为获得收入做出了贡献，因而是各自收入的源泉。马克思指出

---

① 《马克思恩格斯文集》第 7 卷，人民出版社 2009 年版，第 982 页。

② 《马克思恩格斯文集》第 7 卷，人民出版社 2009 年版，第 995 页。

这是错误的，只有劳动才是价值创造的唯一源泉，资本和土地都不可能创造价值。虽然劳动是创造价值的唯一源泉，或者说，价值创造是由劳动者唯一贡献的，但劳动者贡献的价值不能全部归劳动者所有。因为分配不是按贡献分配，而是按所有权分配。三位一体公式却恰恰认为资本、劳动和土地获得收入，是因为它们为价值创造做出了贡献，这是三位一体公式错误的根本原因。

（3）转形使价格决定变得更加复杂。转形后，要素投入按生产价格计算，生产价格的实质是价值量的再分配，这就使分配成为价格决定的重要因素。马克思指出："我们原先假定，一个商品的成本价格，等于该商品生产时所消费的各种商品的价值。但一个商品的生产价格，对它的买者来说，就是它的成本价格，因而可以作为成本价格加入另一个商品的价格形成。因为生产价格可以偏离商品的价值，所以，一个商品的包含另一个商品的这个生产价格在内的成本价格，也可以高于或低于它的总价值中由加到它里面的生产资料的价值构成的部分。"① 因此，由于生产价格与价值的偏离，当成本价格按生产价格计算比成本价格按价值计算时的价格决定更加复杂，分配成为商品价格决定的重要因素。

第三节　对马克思价值转形理论的不同见解

最早提出价值转化为生产价格存在问题的是鲍特基维茨（Bortkiewics，1907）②③，随后，学者们从马克思经济学、西方经济学和斯拉法经济学这三

① 《马克思恩格斯文集》第7卷，人民出版社2009年版，第184页。

② 虽然洛里亚（1895）、庞巴维克（1896）认为价值转化为生产价格存在逻辑矛盾，希法亭（1904）与庞巴维克还就此展开争论，但只有鲍特基维茨在1907年的文章中指出了问题所在。故最早提出转形问题的是鲍特基维茨。

③ 鲍特基维茨在《马克思体系中的价值与价格》一文中指出他是受迪米特里夫（Dmitriff，1904）用俄语发表在《经济研究》（第一卷）上的文章《试论边际效用理论与劳动价值论的有机结合》的启发提出转形问题的。（引自 L. V. Bortkiewics . Value and Price in the Marxian system ［A］ Roberto Marchionatti. Karl Marx：Critical Response（Volume Ⅲ）［C］. New York：Routledge，1998：255，289.

种不同的经济学理论出发提出各自对转形问题的看法。总体来看，存在两种意见，一种意见认为马克思已经基本解决了转形问题，不存在转形逻辑不一致的问题，另一种认为马克思没有解决转形问题，应该修正、完善马克思的解法。所以，下面就以最早指出转形存在问题的鲍特基维茨为例，看看它是如何说明转形存在逻辑问题的。①

鲍特基维茨假设：①全部预付资本（包括不变资本）一年更新一次，并再现于年产品的价值或价格之中；②生产部门分为三类：部门Ⅰ生产生产资料，部门Ⅱ生产工人的消费品，部门Ⅲ生产资本家的消费品；③各部门的资本有机构成相同；④简单再生产。

以 c_1，c_2，c_3分别表示三个部门的不变资本，以 v_1，v_2，v_3表示可变资本，s_1，s_2，s_3表示剩余价值。简单再生产条件下，价值计算体系可表示如下：

$$c_1+v_1+s_1=c_1+c_2+c_3 \tag{1-1}$$

$$c_2+v_2+s_2=v_1+v_2+v_3 \tag{1-2}$$

$$c_3+v_3+s_3=s_1+s_2+s_3 \tag{1-3}$$

以 r 表示剩余价值率　则 $r=s_1/v_1=s_2/v_2=s_3/v_3$

将 r 代入式（1-1）、式（1-2）、式（1-3），则有

$$c_1+(1+r)v_1=c_1+c_2+c_3 \tag{1-4}$$

$$c_2+(1+r)v_2=v_1+v_2+v_3 \tag{1-5}$$

$$c_3+(1+r)v_3=s_1+s_2+s_3 \tag{1-6}$$

鲍特基维茨先指出马克思的转形解存在的问题：

首先，马克思的解包含下述等式：

$$c_1+c_2+c_3=C \tag{1-7}$$

$$v_1+v_2+v_3=V \tag{1-8}$$

$$s_1+s_2+s_3=S \tag{1-9}$$

其次，用 ρ 表示一般利润率，则

① L. V. Bortkiewics. On the Correction of Marx's Fundamental Theoretical Construction in the Third Volume of Capital [A] Roberto Marchionatti. Karl Marx: Critical Response（Volume Ⅲ）[C]. New York: Routledge, 1998: 300-318.

$$\rho=S/(C+V) \tag{1-10}$$

最后，三部门的生产价格可以表述为

$$c_1+v_1+\rho(c_1+v_1)$$

$$c_2+v_2+\rho(c_2+v_2)$$

$$c_3+v_3+\rho(c_3+v_3)$$

经过计算，可得这三个部门的总价格等于总价值（C+V+S）。

鲍指出："该解法由于将不变资本和可变资本排除在转形过程之外而不能被接受，而在一般利润率形成过程中，必须考虑这些要素。"①

鲍认为，价值量到价格量的转化可以表示如下:②

他首先假定，生产部门Ⅰ的价格与价值的关系（平均而言）是 x∶1，生产部门Ⅱ是 y∶1，生产部门Ⅲ是 Z∶1，又假定以 ρ［这里的 ρ 不是方程（1-10）中的 ρ］表示所有部门的平均利润率，则与式（1-4）、式（1-5）、式（1-6）相对应的方程式为

$$(1+\rho)(c_1x+v_1y)=(c_1+c_2+c_3)x \tag{1-11}$$

$$(1+\rho)(c_2x+v_2y)=(v_1+v_2+v_3)y \tag{1-12}$$

$$(1+\rho)(c_3x+v_3y)=(s_1+s_2+s_3)z \tag{1-13}$$

在这三个方程中有 4 个未知数，x、y、z、ρ。为求解，还需要寻找第四个方程以便决定价格与价值的关系。

如果我们选择价格单位使总价格等于总价值，这意味着假定

$$Cx+Vy+Sz=C+V+S \tag{1-14}$$

这里

① L. V. Bortkiewics. On the Correction of Marx's Fundamental Theoretical Construction in the Third Volume of Capital［A］Roberto Marchionatti. Karl Marx：Critical Response（Volume Ⅲ）［C］. New York：Routledge，1998：302.

② 为简单起见，鲍特基维茨将生产价格简称为价格。参见 L. V. Bortkiewics. Value and Price in the Marxian system［A］Roberto Marchionatti. Karl Marx：Critical Response（Volume Ⅲ）［C］. New York：239.

$$c_1+c_2+c_3=C \tag{1-15}$$

$$v_1+v_2+v_3=V \tag{1-16}$$

$$s_1+s_2+s_3=S \tag{1-17}$$

另一方面，如果我们假定价格单位与价值单位同一，则我们认为在三个部门中有一个部门是生产作为商品价值和价格单位的产品。如果这种产品是黄金，则要涉及的部门是Ⅲ，即可以用下列方程代替方程（1-14）。即假设：

$$z=1 \tag{1-18}$$

我们采用后一种假设，则未知数就剩下3个：X，Y，ρ。

为使公式尽可能简化，鲍又作了如下假定：

$$v_1/c_1=f_1 \quad (v_1+c_1+s_1)/c_1=g_1$$

$$v_2/c_2=f_2 \quad (v_2+c_2+s_2)/c_2=g_2$$

$$v_3/c_3=f_3 \quad (v_3+c_3+s_3)/c_3=g_3$$

$$1+\rho=\delta$$

方程（1-11）、方程（1-12）、方程（1-13）可以重新改写，以替代方程（1-1）、方程（1-2）、方程（1-3）：

$$\delta(x+f_1y)=g_1x \tag{1-19}$$

$$\delta(x+f_2y)=g_2y \tag{1-20}$$

$$\delta(x+f_3y)=g_3 \tag{1-21}$$

从方程（1-19）可得

$$x=\frac{f_1y\delta}{g_1-\delta} \tag{1-22}$$

将x值代入方程（1-20）中，得

$$(f_1-f_2)\delta^2+(f_2g_1+g_2)\delta-g_1g_2=0 \tag{1-23}$$

从中可得 $\delta=\frac{-(f_2g_1+g_2)\pm\sqrt{(f_2g_1+g_2)^2+4(f_1-f_2)g_1g_1}}{2(f_1-f_2)}$

$$=\frac{(f_2g_1+g_2)\ \pm\sqrt{(g_2-f_2g_1)^2+4f_1g_1g_2}}{2\ (f_2-f_1)} \tag{1-24}$$

讨论：

当$f_1-f_2>0$，由于

$$\delta=\frac{-\ (f_2g_1+g_2)\ -\sqrt{(f_2g_1+g_2)^2+4\ (f_1-f_2)\ g_1g_2}}{2\ (f_1-f_2)}$$

则$\delta<0$是不符合实际的；

当$f_1-f_2<0$，由于$\delta=\frac{(f_2g_1+g_2)\ \pm\sqrt{(g_2-f_2g_1)^2+4f_1g_1g_2}}{2\ (f_2-f_1)}>\frac{f_2g_1+|g_2-f_2g_1|}{2\ (f_2-f_1)}$

当$g_2>f_2g_1$时，$\delta>\frac{g_2}{f_2-f_1}$，故$\frac{g_2}{f_2}$；而方程（1-20）表明$\delta<\frac{g_2}{f_2}$

当$g_2<f_2g_1$时，$\delta>\frac{f_2g_1}{f_2-f_1}$，故$\delta>g_1$；而方程（1-19）表明$\delta<g_1$

故$\delta=\frac{-\ (f_2g_1+g_2)\ -\sqrt{(f_2g_1+g_2)^2+4\ (f_1-f_2)\ g_1g_2}}{2\ (f_1-f_2)}$无解

故方程只有唯一解。

即 $$\delta=\frac{-\ (f_2g_1+g_2)\ +\sqrt{(f_2g_1+g_2)^2+4\ (f_1-f_2)\ g_1g_2}}{2\ (f_1-f_2)} \tag{1-25}$$

剩下还有y值，从方程（1-20）、方程（1-21）可知

$$y=\frac{g_3}{g_2+\ (f_3-f_2)\ \delta} \tag{1-26}$$

求出δ和y后，可以利用方程（1-22）求出x.

在作了这些公式推导后，鲍以数例说明价值向生产价格的转化，然后结合这些数例，探讨马克思价值转化理论若干概念的真伪问题。

他先给出了如下价值计算表。

表 1-3　鲍的价值计算表（Ⅰ）

生产部门	不变资本	可变资本	剩余价值	产品价值
Ⅰ	225	90	60	375
Ⅱ	100	120	80	300
Ⅲ	50	90	60	200
总计	375	300	200	875

依据前述符号含义，鲍得出了如下相关数值：$f_1=\frac{2}{5}$，$f_2=\frac{6}{5}$，$f_3=\frac{9}{5}$，$g_1=\frac{5}{3}$，$g_2=3$，$g_3=4$。从方程（1-17）、方程（1-18）、方程（1-14）可得，$\rho=1/4$，$\delta=\frac{5}{4}$，$y=\frac{16}{15}$，$x=\frac{32}{25}$。于是得出如下价格计算表：

表 1-4　鲍的价格计算表（Ⅱ）

生产部门	不变资本	可变资本	利润	产品价格
Ⅰ	288	96	96	480
Ⅱ	128	128	64	320
Ⅲ	64	96	40	200
总计	480	320	200	1000

部门Ⅰ的不变资本价格（288）来自相应的价值数（$225\times\frac{32}{25}$），可变资本价格（96）来自相应的价值数 $90\times\frac{16}{15}$，利润则为（288+96）$\times\frac{1}{4}$。其余类推。

根据以上计算，可知总利润等于总剩余价值，但总价格却大于总价值。鲍认为："总价格大于总价值，这是因为第Ⅲ部类（作为价值与价格尺度的货物来自这一部类）的资本有机构成是相对低的。但总利润与总剩余价值的数字相等，则是用作价值与价格尺度的货物属于第Ⅲ部类的结果。”①

从鲍的模型可以看出：第一，他把再生产作为前提引入转形分析中。再生产问题涉及的是价值生产中的总量平衡问题，它要求部类之间满足一定的平衡关系；转形问题涉及的是当利润率转变为平均利润率后，价值转化为生产价格的问题。因此，再生产不是转形的前提条件，转形才是再生产的起点。因此，将简单再生产作为转形分析的前提条件，实在是对转形问题的误解。第二，鲍为求解，假设 z=1，之所以这样假设，是因为鲍假定部门Ⅲ生产黄金，假设 z=1 就可使黄金的价格和价值不存在偏离。可见，鲍虽然认为价格就是生产价格，但实际上他将转形理解为价值向价格的直接转化，从而误解了转形的实质。

从以上两点可以看出，鲍误解了马克思的转形问题，因此，其结论是不成立的。

第四节　马克思价值转形理论的现实意义

研究转形问题有如下现实意义：

一、转形问题是与马克思经济学的方法论紧密联系的

马克思经济学方法论的特点在于运用唯物辩证法和唯物历史观分析经济现象。这是马克思在经济学方法论上的贡献，也是马克思经济学与新古典经济学和斯拉法经济学的区别所在。新古典经济学和斯拉法经济学采用的是形式逻辑，故此不可能产生转形问题。只有马克思的辩证逻辑才会存在转形问题。而辩证逻辑之所以会存在转形问题，是因为辩证逻辑的方法论是从抽象

① L. V. Bortkiewics. On the Correction of Marx ' s Fundamental Theoretical Construction in the Third Volume of Capital [A] Roberto Marchionatti. Karl Marx: Critical Response (Volume Ⅲ) [C]. New York: Routledge, 1998: 305.

到具体。马克思的整个逻辑体系就是从抽象到具体逐渐展开的过程。第一卷分析直接生产过程，第二卷分析流通过程。资本主义生产过程，从整体来看，是生产过程和流通过程的统一。而第三卷则是考察“资本运动过程作为整体考察时所产生的各种具体形式”①。因此，随着研究对象从抽象到具体的逐步展开，其概念必然也从抽象到具体逐步转化。不变资本和可变资本就转化为成本价格，剩余价值就转化为利润，因而价值就转形为生产价格。可见，转形是马克思经济学方法论的必然要求。而且，这种转形不仅是逻辑转形，更是历史转形。这与马克思的历史唯物主义的观点也是不可分的。马克思是用运动的眼光来看待历史的。任何社会都有一个产生、发展和灭亡的过程。这种运动的过程反映在思想上，就体现为概念的运动。价值到生产价格的转化，体现的正是社会运行的不同发展阶段。而且，也只有具备相当的历史条件，转形才会成为现实。因此，转形问题与马克思的辩证唯物主义和历史唯物主义的方法论是密切联系的。而转形问题也恰恰为马克思的方法论做了一个生动的注解。

二、就历史角度而言，目前转形过程正在全球范围内展开

恩格斯在《资本论》第三卷增补中描述了价值转化为生产价格的历史过程。这个历史过程主要是以一个国家和自由资本主义为背景的。当今世界，资本主义已经由自由竞争资本主义阶段发展到垄断资本主义阶段。在这个阶段，一方面，垄断资本主义越发展，越需要在全球范围内配置资源，从而使经济全球化不断加深。经济全球化作为不可阻挡的趋势，促进了竞争的发展，促进了资本和劳动在全球范围内的自由流动，从而使利润率的平均化过程在全球范围内展开。另一方面，垄断资产阶级为获得垄断利润，必然采用各种手段阻碍竞争，从而阻碍一般利润率的形成。两种力量相互斗争，使全球范围内一般利润率的形成是个长期的过程。一旦全球范围的一般利润率形成后，转形的历史过程就在全球范围内完成了。

① 《马克思恩格斯文集》第7卷，人民出版社2009年版，第29页。

三、转形理论为研究价格理论提出了新的思路

马克思经济学从劳动的角度阐述价格理论，指出决定价格的因素是价值。在《资本论》第一卷中，马克思所指的价值仅仅是生产领域中工人创造的价值；通过转形理论，他进一步指出决定价格的价值不仅与生产领域有关，而且与流通领域和分配有关，价格的波动是围绕生产价格进行的，从而使价格决定因素从生产领域扩大到流通领域和分配领域并将不确定性引入了价格决定中。但是，马克思的理论体系作为一种价值体系，对非劳动产品的价格决定、由人们偏好不同产生的价格差异等影响价格的因素未予以更多的涉及。而且，现实的世界是一个价格世界，价值只能近似地代表价格，而不能完全与价格画等号。因此，马克思的价格理论更多考虑的是价格的决定因素，而较少涉及价格的影响因素。价格是确定性和不确定性的有机统一体，是质与量的统一。转形恰恰从质与量相统一的角度加深了我们对价格理论的理解，从而为深化价格理论研究提供了新的思路。

未来在研究价格理论时，应关注三个问题：一是将价格的确定性与不确定性有机地结合起来。转形后，分配的引入将不确定性引入单个商品的决定。但是，马克思对转形后单一因素的变动如何影响生产价格的决定并进行深究，而斯拉法理论则更多地从不确定性角度出发研究价格决定理论。因此，未来研究价格理论，必须考虑如何将确定性和不确定性有机地结合起来。二是将价格的质与量有机地协调起来。马克思分析了平均利润和生产价格的形成机制，但他对生产价格形成后单一因素的变动如何影响生产价格量的决定并进行深究。斯拉法从量的角度出发讨论分配对价格决定的作用，但他对价格的质、价格的形成机制则未进行深究。因此，在经济研究越来越强调数学化的今天，如何将质与量更好地协调起来是今后价格研究应考虑的一个问题。三是将价格的决定因素和影响因素更好地统一起来。价格既与生产、流通、分配有关，又与需求有关，如何将这四者统一在一个更加合理的框架中，也是未来价格研究的重点。

第二章　马克思的商业理论

第一节　马克思商业理论的思想来源

一、重商主义者关于商人资本的基本观点

重商主义是资产阶级最初的经济学说。它是在一定的历史条件下产生和发展起来的。15 世纪末，西欧在同东方国家的贸易中，处于贸易赤字状态，黄金大量流出，造成西欧各国黄金短缺。而当时实行的主要是金本位制，因此，黄金短缺对于西欧国家经济发展产生了严重的负面影响。在此情况下，寻找黄金成为西欧各国的重要任务，这是推动西欧国家进行地理大发现的重要经济根源。地理大发现使世界市场联系到一起，出现了真正意义上的全球化，从而促使资本主义生产方式产生。马克思指出："由于地理上的发现而在商业上发生的并迅速促进了商人资本发展的大革命，是促使封建生产方式向资本主义生产方式过渡的一个主要因素。"①

商人资本发展为重商主义学说的产生和发展提供了重要历史条件。马克思认为重商主义是"对现代生产方式的最初的理论探讨"。② 重商主义者把货币看作财富的唯一形态。在增加货币财富上，早期重商主义者主张采取行政

① 《马克思恩格斯文集》第 7 卷，人民出版社 2009 年版，第 371 页。

② 《马克思恩格斯文集》第 7 卷，人民出版社 2009 年版，第 375 页。

的手段，禁止货币输出和积累货币财富；晚期重商主义者主张通过对外贸易增加货币财富。“对外贸易是增加我们的财富和现金的通常手段，在这一点上我们必须时时谨守这一原则：在价值上，每年卖给外国人的货物，必须比我们消费他们的为多。”① 为鼓励对外贸易顺差，晚期重商主义者鼓励扩大出口商品的生产，主张对出口品在税收等方面进行优惠，从而扶持和保护本国工场手工业的发展。

重商主义者高度重视对外贸易的作用，并把货币作为财富的唯一形态，这说明他们是商人资本的代表。重商主义学说对于促进商品货币关系的进一步发展在理论上起到了重要作用。但重商主义的学说并不是科学的。马克思指出，重商主义“必然从流通过程独立化为商业资本运动时呈现出的表面现象出发，因此只是抓住了假象。这部分地是因为商业资本是资本本身最初的自由存在方式；部分地是因为它在封建生产的最初的变革时期，即现代生产的发生时期，产生过压倒一切的影响。真正的现代经济科学，只是当理论研究从流通过程转向生产过程的时候才开始”②。之所以重商主义学说不是科学的：

（1）它混淆了货币与财富。货币不等于财富，真正的财富是商品，是使用价值。当货币用金银表示时，金银只是财富的一种，而当货币用纸币表示时，纸币作为价值符号，本身就不是财富。所以，将货币等同于财富混淆了使用价值和价值的概念，是不可取的。因此，重商主义学者只是从事物的表面现象看待问题，而没有深入到经济事物的本质来看问题。

（2）它误解了剩余价值的来源。重商主义者认为财富的来源在于对外贸易，在于商业。这意味着他们实际上认为剩余价值来自于流通。马克思指出：“因为商业资本是资本在历史上最初的自由存在方式，而且它本身是与行会生产和封建生产，与小市民生产和小农生产相对立而出现的，所以，货币主义和重商主义体系把它看作是资本的基本形式，并从这一基本形式中引出他们

① 托马斯·孟：《英国得自对外贸易的财富》，商务印书馆1959年版，第5页。

② 《马克思恩格斯文集》第7卷，人民出版社2009年版，第375-376页。

关于剩余价值和利润的概念。”① 正如马克思指出的，剩余价值来自于生产领域，流通不创造价值。因此，以研究流通领域为核心的重商主义理论必然被研究生产领域为核心的古典经济学取代。

二、亚当·斯密关于商人资本的基本观点

《国富论》中没有专门论述商人资本的章节，但斯密在《国富论》第三篇对于商业的地位和作用进行了阐述。斯密指出，每一个文明社会的最大商业，是在城乡之间进行的商业。乡村向城市提供生活资料和制造业所用的原料，城市向乡村提供一部分制成品作为回报。斯密指出，这种交易是互惠互利的。“两者的利得是共同的和相互的，劳动分工在这里也和在所有其他场合一样，对于从事分工中不同行业的所有不同的人都有利的。”②

斯密指出，每一个增长中的社会的大部分资本，首先应当投入农业，然后投入制造业，最后才投入对外商业。农业之所以要优于制造业，这是因为，“按照事物的性质，生活资料先于便利品和奢侈品，所以，生产前者的产业必然要先于生产后者的产业。”③ 同时，制造业之所以要优于对外商业，是因为“就像地主或农场主的资本比制造商的资本更为安全一样，制造商的资本也比外贸商人的资本更为安全，因其随时都在他的视野和支配之下”④。斯密指出：“但是这种事物的自然顺序虽然必定在每一个社会中在某种程度上发生，在欧洲的所有现代国家中却在许多方面被完全颠倒了。它们某些城市的对外商业引进了所有的比较精细的制造业，即适于供在远方销售产品的制造业；而制造业和对外商业一道，又造成了农业的主要改良。”⑤

斯密指出商业资本在经济发展中具有积极作用。他指出，工商业城市的

---

① 马克思：《〈政治经济学批判〉（1861-1863 年手稿）》，《马克思恩格斯全集》第 36 卷，人民出版社 2015 年版，第 73 页。

② 斯密：《国富论》（上），陕西人民出版社 2005 年版，第 425 页。

③ 斯密：《国富论》（上），陕西人民出版社 2005 年版，第 426 页。

④ 斯密：《国富论》（上），陕西人民出版社 2005 年版，第 429 页。

⑤ 斯密：《国富论》（上），陕西人民出版社 2005 年版，第 429-430 页。

增加和富裕，从三个途径对乡村的改良和耕种做出贡献：①城市为乡村产品提供了巨大的市场，从而有利于乡村农业耕种和进一步改良。②城市居民获得的财富常常用来在乡村购买土地，其中大部分是荒地。这有利于土地改良。③商业和制造业有利于缔造秩序和良好政府，这也有利于在农村居民中发展个人自由和安全。因此，“在欧洲的大部分地区，城市的商业和制造业不是乡村改良和耕种的结果，而是它的原因”①。

在社会再生产中，斯密认为农业优于制造业，制造业优于商业，这是对商业历史地位的误解。实际上，农业、制造业和商业只是社会分工的不同，农业、制造业是生产剩余价值的，商业是实现剩余价值的。离开了商业，农业和制造业生产的剩余价值无法实现。商业资本和产业资本一样，都参与利润率的平均化过程。因此，流通不创造剩余价值，不等于流通不重要，也不等于流通的地位低于农业和制造业。因此，马克思指出：“在资产阶级社会的最初阶段，商业支配着产业；在现代社会里，情况正好相反。”②

斯密高度评价了城市商业对于农村发展的作用。马克思指出，对于商业在社会变革中的作用，要辩证地看待。他指出：“商业对于那些互相进行贸易的共同体来说，会或多或少地发生反作用……它使旧的关系解体。使货币流通扩大。它不仅掌握了生产的余额，而且逐渐地侵蚀了生产本身（它在自身之上还建立了各个单独的生产部门）。不过，这种解体作用，在很大程度上取决于互相进行贸易的生产共同体的性质。例如，商业几乎没有触动古印度公社和总的来说几乎没有触动亚细亚的关系。”③

马克思指出：“由于伟大的经济学家如斯密、李嘉图等人考察的是资本的基本形式，是作为产业资本的资本，而流通资本（货币资本和商品资本）事实上只是在它本身是每个资本的再生产过程的一个阶段的时候才加以考察，

① 斯密：《国富论》（上），陕西人民出版社2005年版，第465页。

② 马克思：《〈政治经济学批判〉（1861-1863年手稿）》，《马克思恩格斯全集》第36卷，人民出版社2015年版，第19页。

③ 马克思：《〈政治经济学批判〉（1861-1863年手稿）》，《马克思恩格斯全集》第36卷，人民出版社2015年版，第19-20页。

因此，他们遇到商业资本这种独特类型的资本，就陷入了困境。”① 马克思正是在批判地继承重商主义学说和古典政治经济学关于商人资本的理论基础上，发展起商业资本理论的。

第二节　马克思商业理论的主要内容

商业资本分为两种形式，即商品经营资本和货币经营资本。

一、商品经营资本

1. 定义

商品经营资本是商品资本的独立化形式，是专门在流通领域内执行职能的资本。在研究资本循环理论时，指出产业资本分为货币资本、生产资本和商品资本这三个组成部分。商品资本的职能是把商品销售出去，从而换回货币。当商品资本的职能独立出来，由商人专门从事这项职能后，就出现了商品经营资本。

商品经营资本之所以能够从产业资本中独立出来：①商品经营资本的职能，是以商人的活动，即商人的买卖为中介的，因此，这种活动是与产业资本的其他职能相分离的，因而是独立存在的业务，这是社会分工的一种特殊形式。这是商品经营资本能够独立的必要前提条件。但是，仅有必要性是不够的。②商人要预付货币资本。这个是商品经营资本独立的充分条件。商人预付货币资本，这种资本能够作为资本自行增殖，执行资本的职能，其唯一职能就是作为中介实现商品资本的形态变化，实现它向货币的转化。

商品经营资本的运动形式是 G—W—G’。该公式表示，商人预付货币购

① 《马克思恩格斯文集》第 7 卷，人民出版社 2009 年版，第 361-362 页。

买商品，然后将商品出售，获得更多的货币。商人资本的运动公式，对两个生产者之间的 W-G 来说，只是中介过程。商人资本用货币购买商品，这只是商品资本从产业资本家手中转到流通当事人手中，只有商人资本把商品卖出去后，才意味着商品真正进入到了消费领域。因此，G—W—G’只是同一个商品的贱买贵卖，商品经营资本只是对同一商品的最终出售起到中介作用。

2. 作用

商品经营资本从商品资本中独立出来，有以下作用：

（1）节约产业资本货币准备金，扩大再生产规模。由于分工，专门用于买卖的资本小于产业资本家在必须亲自从事他的企业的全部商业活动时所需要的资本。这样，产业资本家就能够把节约下来的货币准备金投入真正的生产过程，从而扩大生产规模。

（2）缩短商品买卖时间。由于商人专门从事这种业务，不仅生产者可以把他的商品较早地转化为货币，而且，商品资本本身也会比它处在生产者手中的时候更快地完成形态变化。

（3）商人资本周转，与一个同样大小的产业资本周转或一次再生产不同，它可以对不同生产部门的资本周转起中介作用。商人预付的货币资本的流通速度取决于：生产过程更新的速度和不同生产过程互相衔接的速度；消费的速度。商人资本周转越快，总货币资本中充当商人资本的部分就越小。生产越不发达，商人资本的总额同投入流通的商品总额相比就越大。因此，在不发达的状态下，真正的货币资本大部分掌握在商人手中。信用制度越发展，商人资本同总资本相比就越小。

（4）商人资本不创造价值和剩余价值，但由于有助于缩短流通时间，因此间接有助于产业资本所生产的剩余价值的增加，提高利润率。

二、商业利润

商人资本从事商业经营，要获得利润。商业利润是商业资本家经营商品买卖所获得的利润。商品买卖是资本再生产过程的一个阶段，所以，商业资本和产业资本一样，也必须获得平均利润。如果商业利润高于产业利润，那么，就会有一部分资本从生产领域转向商业领域，反之，则会发生相反的过程。马克思指出："没有哪一种资本比商人资本更容易改变自身的用途，更容易改变自身的职能了。"①

那么，商业利润从何而来？正如《资本论》第一卷指出的，流通不创造价值和剩余价值。因此，商业利润不可能通过商品加价而实现。认为利润来自于商品价格的名义上的提高或者认为商品高于它的价值出售的想法，只是从商业资本的直觉中产生的。

商业利润的本质是让渡利润。商人资本虽然不参加剩余价值的生产，但参加利润率的平均化过程。因此，商人资本获得平均利润，意味着从产业资本所生产的利润中要扣除属于商人资本的部分。这种扣除是通过商品的购销差距实现的。产业资本家按照低于商品生产价格的价格把商品卖给商业资本家，商业资本家再按照生产价格把商品卖给消费者。

假设一年中预付的产业资本 = 720c + 180v = 900，剩余价值率 m′ = 100%。为了实现商品的销售，另投入商业资本 150，其中 100 是不变资本，50 是可变资本。则平均利润率 $\bar{P'}$ = 180 / （900+100+50） = 17. 14%；

产业利润 P = 900×17. 14% = 154. 28；

商业利润 h = （100+50） ×17. 14% = 25. 72；

出厂价：720C+180V+154. 28 = 1054. 28；

零售价：1054. 28+100+50+25. 72 = 1230。

从公式中可以看出，①商人除了为购买商品而预付的货币资本，还要预付一个追加的资本，用来购买和支付这种流通手段。这个全部追加的资本从性质上说属于纯粹的商业流通费用。这个纯粹的商业流通费用是为了实现商品的价值而支出的费用。它们不加入直接的生产过程，但是加入流通过程，因此加入再生产的总过程。②这种纯粹的商业流通费用是和发送、运输、保管等费用交织在一起的。它也可以分为不变资本和可变资本。这里的不变资

① 《马克思恩格斯文集》第 7 卷，人民出版社 2009 年版，第 314 页。

本包括事务所、纸张、邮资等，这里的可变资本是为雇用商业上的雇佣工人而预付的。③这种追加资本必须从商品的价值中得到补偿。所销售商品的一部分价值必须再转化为这种流通费用，但由此不会形成任何追加的剩余价值。④由于有追加资本，因此，平均利润率会因此减少。

商人资本要实现商业利润，必须依靠商业雇佣工人的劳动。商业雇佣工人的劳动不创造剩余价值，但能够帮助商业资本家实现剩余价值。这种劳动对于商业资本来说是利润的源泉。商人资本家投入到商业工人上的可变资本也必须通过商品的销售得到补偿。马克思指出："真正的商业工人是属于报酬比较优厚的那一类雇佣工人，他们的劳动是熟练劳动，高于平均劳动。"①

三、商人资本的周转

1. 影响因素和作用

商人资本周转，表示买和卖的反复，它受两个因素的限制：一是受生产时间的限制，这是商人资本周转快慢的第一个界限；二是受全部个人消费的速度和规模的限制。商人资本周转，不仅能够对不同产业资本进行周转，而且能够对商品资本形态变化的相反阶段起中介作用。例如，商人向工厂主买麻布，并把它卖给漂白业者。

对于商人资本而言，它可以在已购买的物品最终卖掉之前反复进行购买。当再生产过程有巨大的弹性，能够不断突破每一次受到的限制时，商人在生产本身中不会发现任何限制，或者只会发现有很大弹性的限制。因此，除由于商品性质造成买卖分离之外，这里还将会创造出一种虚假的需求。由于商人资本的独立化，商人资本的运动在一定界限内不受再生产过程的限制，因此，甚至还会驱使再生产过程越出它的各种限制。马克思指出："内部的依赖性和外部的独立性会使商人资本达到这样一点：内部联系要通过暴力即通过一次危机来恢复。"②

① 《马克思恩格斯文集》第7卷，人民出版社2009年版，第335页。
② 《马克思恩格斯文集》第7卷，人民出版社2009年版，第339页。

因此，这时候会出现这样一种危机，危机最初不是在和直接消费有关的零售业中暴露和爆发的，而是在批发商业和向它提供社会货币资本的银行业中暴露和爆发的。一旦危机爆发，这时，强制拍卖，为支付而进行的出售就开始了。于是，崩溃爆发了，它就结束了虚假的繁荣。

2. 商人资本周转和商品价格

（1）对商人掌握定价权的批驳。如果 1 千克糖的生产价格是 1 元，那么，商人用 100 元就能买到 100 千克糖。如果年平均利润率是 15%，则每千克糖售价是 1. 15 元，这样，商人才能获得平均利润。如果 1 千克糖的生产价格下降到 0. 5 元，则商人用 100 元就能 200 千克糖。假设年平均利润率仍然是 15%，则每千克糖售价是 0. 575 元。因此，在第一个场合，商人要卖 100 千克糖，在第二个场合，商人要卖 200 千克糖。这里，生产价格的高低，对于利润率没有任何意义，但对于每千克糖中构成商业利润的部分却有很大的意义。如果一个商品的生产价格小，那么，商人预付在这个商品上的购买金额就小，那么，所获得的利润额就小；反过来情况就恰好相反。因此，这里，存在着是薄利多销还是厚利少销这两种情况的差别。马克思指出，从表面上看过去，商品薄利多销还是厚利少销，取决于商人自己，但实际上商人做不了主。商人的出售价格取决于两点：一是商品的生产价格，这个商人做不了主；另一个是平均利润率，这个他也做不了主。商人只能决定一件事情，就是他愿意经营昂贵的商品还是便宜的商品，这取决于可支配的商品量。因此，商人怎么干，完全取决于资本主义生产方式的发展程度，而不是取决于商人的愿望。

因此，虽然从现象上看，商人好像掌握着定价权，但实际上商人并没有定价权。之所以存在这种假象：第一，是商人之间的竞争造成的。例如，商人为击败他的对手打价格战时，就存在这种现象。第二，在以往时代，劳动生产率低，又缺少一般利润率，因此，商人资本从剩余价值中占有的份额，比它在资本主义大发展所应该得到的份额大得多。

商品加价的多少取决于商品生产价格和平均利润率的高低，因此，廉价商品获得的单位利润额小，高价商品获得的单位利润额高。

（2）商人资本周转。商人资本周转不同于产业资本周转。产业资本周转快慢对一般利润率的形成有影响。但对于商人资本来说，利润率已经形成了，这一方面是由产业资本所生产的利润率决定，另一方面是由总商业资本的相对量决定。这里，商人资本的周转速度与必要的商人资本的绝对量成反比。因此，各种会缩短商人资本平均周转的情况，如运输工具的发展 ，都会相应减少商人资本的绝对量，从而会提高一般利润率。

不同商业部门的商人资本周转次数，会影响商品的商业价格。商业加价多少，一定资本的商业利润中加到单个商品的生产价格上的部分的大小，和不同营业部门的商人资本的周转次数成反比。例如，在平均利润率为15%的情况下，一年周转五次，对商品价格的加价是3%，而在一年周转一次的情况下，对商品的加价是15%。这个规律适用于投入该部门的全部商人资本的平均周转。对于个别资本而言，资本周转越快，它就越能获得超额利润。

四、货币经营资本

1. 含义及其产生

货币在产业资本和商品经营资本的流通过程中所完成的各种纯粹技术性的活动，当它们独立出来时成为一种特殊资本的职能时，这种资本就转化为货币经营资本。货币经营资本是货币资本的独立化形式，是专门在流通领域内执行职能的资本。

在商品买卖过程中，货币在执行流通手段时，要求资本家不断地支出货币，同时又要不断地得到货币。这种单纯技术性的收付货币业务，本身就构成了劳动。货币在执行支付手段时，计算差额的行为又成为技术性业务。当货币执行储藏职能时，储藏货币的保管又成为一种特殊的业务，这种业务使储藏货币不断分解为流通手段和支付手段。

因此，这些由资本职能决定的技术性业务，就会由货币经营资本家代理完成，于是，便产生了货币经营业。货币经营业是从货币本身的各种规定性中，从货币的各种职能中，从而也是在资本在货币资本形式中必须执行的各种职能中产生的。

2. 货币经营业的形式

货币经营业首先是从国际交易中发展起来的。各个国家商人在交易时，都需要把本国的货币兑换成当地货币，或者把当地货币兑换成本国货币，这就产生了兑换业，它是近代货币经营业自然产生的基础之一。汇兑银行是从汇兑业发展起来的。

以金银作为商品（制造奢侈品的原料）的贸易，是金银贸易自然发生的基础。这里，金银贸易有两种途径：一种是在不同国家的流通领域之间平衡国际支付；另一种是货币从贵金属产地流到世界市场。

所以，兑换业和金银贸易是货币经营业的最原始形式，它产生于货币的双重职能，即作为铸币的职能和作为世界货币的职能。

3. 货币经营业的本质和作用

从本质上说，货币经营者是商品经营资本和产业资本的单纯出纳业者。这种出纳业者的制度，在尼德兰的商业城市中体现得很充分。出纳业者从那些利用他的服务的商人那里收到一笔货币，并在他的账簿中为商人开立贷方账户，商人还把他们的债权交给他，由他代商人收款，并把收到的钱记录到贷方账户内。另一方面，他要对这些商人所出的票据进行支付，并把支付的钱记在商人的往来账上。他对这些收款和付款索取小额手续费。因此，出纳业者的真正业务，就是给支付作中介，这里要遵守这样一个原则：出纳业者为在他那里开立账户的商人支付的货币决不超过商人的存款额。因此，这里的货币经营业是与信用制度相分离的货币经营业。

货币经营业作为中介，担任货币流通的各种技术性业务，使之集中、缩短和简化。货币经营业使货币储藏减少到它的经济上的最低限度，因为购买手段和支付手段的准备金，由于集中管理，不需要像各自管理时那样大。就支付手段而言，货币经营业使差额的平衡易于进行，并且通过各种人为的结算机制减少平衡差额所需要的货币量。就流通手段而言，货币经营业缩短买卖所引起的各种技术活动，并由此减少这种周转所必要的货币现金量。

4. 货币经营业的运动形式和利润

货币经营业的运动形式是 G–G′。在 G–G′作为中介的东西，在这里与形态变化的物质要素无关，而只与它的技术要素有关。

货币经营者的利润是剩余价值的扣除，因为他们的活动只与已经实现（即使只是在债权形式上实现）的价值有关。

五、关于商人资本的历史考察

1. 商业资本是资本在历史上最古老的自由存在方式

由于商业资本局限在流通领域，它的职能是对商品交换起中介作用。只要存在简单的商品流通和货币流通，就会出现商人资本。因此，在商品身上看不出是由什么生产方式生产出来的。商业的发展使生产越来越具有面向交换价值的性质。在生产演变为资本主义生产时，交换规模达到自己的最大限度。

在之前的资本主义生产方式下，商人财产总是作为货币财产而存在，与其他生产者交易目的是获得使用价值不同，商人资本运动的目的是获取交换价值。因此，生产越不发达，货币财产就越集中在商人手中，或表现为商人财产的独特形式。在资本主义生产方式下，商人资本只是表现为执行一种特殊职能的资本。而在以前的一切生产方式中，商人资本表现为资本的真正职能，生产越是为生产者本人直接生产生活资料，情形就越是如此。

商人资本存在和发展到一定的历史水平，是资本主义生产方式发展的历史前提。因为资本主义生产方式要发展，需要货币财产的集中作为前提条件，同时，资本主义生产的前提是为贸易而生产，需要有商人为他进行大规模销售。同时，商人资本的发展，还不足以促成和说明一个生产方式向另一个生产方式的过渡。

2. 商人资本发展与资本主义生产的发展程度成反比

资本作为商人资本实现独立、优先的发展，意味着生产还没有从属于资本。因此，资本是在一个和资本格格不入、不以它为转移的社会生产方式的基础上发展。因此，商人资本的独立发展，是与社会的一般经济发展成反比的。这说明，独立的商人财产作为占统治地位的资本形式，要流通过程离开它的两极而独立。这说明，流通还没有支配生产，而是把生产当作已经存在的前提，同时，生产过程还没有把流通作为单纯的要素吸收进来。这在威尼斯人、热那亚人、荷兰人等经营的转运贸易中表现得最明显。在转运贸易中，主要的利润不是靠输出本国产品，而是靠在商业和一般经济不发达的各共同体间的产品交换起中介作用，靠对两个生产国家进行剥削。转运贸易后来衰落了，这种衰落表现为纯粹商业民族的衰落，这是商业资本在资本主义生产的发展进程中从属于产业资本的一种特殊形式。这种形式在旧荷兰东印度公司的发展历程中也得到了证明。

贱买贵卖是商业的规律。这种贱买贵卖最初是偶然的，随着商品交换的不断进行，这种偶然性不断消除。这种偶然性的消除最初不是靠生产者和消费者，而是靠商人，正是通过商人自身的运动才不断消除了这种不等价交换。

3. 前资本主义社会商业的发展和作用

古代商业民族发展很缓慢。最初获得巨大发展的商业城市是通过转运贸易发展起来的。因此，在资本主义社会以前的各个阶段中，商业支配着产业；在现代社会中，情况正好相反。

前资本主义社会，商业资本是对不发达的共同体的产品交换起中介作用，因此，商业利润不仅表现为侵占和欺诈，而且大部分是从侵占和欺诈中产生的。商人资本占有大部分剩余价值；而且，商人在与奴隶主、封建地主、国家等做生意时，到处都代表了一种掠夺制度，它是和暴力掠夺、海盗行径、绑架奴隶、征服殖民地结合在一起的。

商业对已有生产方式起着解体的作用。但是，它对旧生产方式在多大程度上起解体作用，这首先取决于这些生产方式的坚固性和内部结构，并且，这个解体过程会导向何处，并不取决于商业，而是取决于旧生产方式本身的性质。例如，在古代世界，商人资本的发展结果是奴隶经济，而在现代社会，商人资本的发展是资本主义生产方式。

4. 城市与商业

城乡分离后，城市的产品一开始就是商品，因此，商业依赖于城市的发展，而城市的发展也要以商业为条件。但工业的发展与此不同。在古罗马，商人资本发展程度很高，但工业的发展却没有什么进步；在科林斯，在欧洲和小亚细亚的其他希腊城市，商业的发展却伴随有手工业的高度发展。

5. 商业与资本主义生产方式发展

商业对于资本主义生产方式的形成起到促进作用。在16、17世纪，商业的突然扩大和新世界市场的形成，旧生产方式的衰落和资本主义生产方式的兴起，产生过压倒一切的影响。这种情况是在已经形成资本主义生产方式的基础上产生的，世界市场本身形成这个生产方式的基础。同时，这个生产方式以越来越大的规模进行生产的必要性，促使世界市场不断扩大。因此，不是商业使工业发生革命，而是工业不断使商业发生革命。商业的统治权是与大工业各种条件的或大或小的优势结合在一起的。

但是，商业并不必然造成资本主义生产方式。在印度和中国，小农业和家庭工业的统一形成了生产方式的广阔基础。印度还有建立在土地公有制基础上的村社形式，这种村社在中国也有原始形式。在印度，英国人作为统治者和地租所得者，试图通过商品的低廉价格消灭纺织业，这同时也破坏了公社，但是，这个进程是相当缓慢的。在中国就进行得更缓慢了。

从封建生产方式向资本主义生产方式过渡有两条途径：第一条是生产者变成商人和资本家，从而与农业的自然经济和中世纪城市工业的受行会束缚的手工业相对立。这个途径是真正革命化的道路。另一条途径是商人支配生产。这种支配有两种方式：一种是商人直接成为工业家。在各种以商业为基础的行业，特别是奢侈品工业中情形就是这样，这种工业连同原料和工人都是商人由外国输入的。另一种方式是商人把小老板变成自己的中介人，或者也直接向独立生产者购买。应该说，这两条途径是相互促进的，起初，商业是行会手工业、农村家庭手工业和封建农业转化为资本主义企业的前提，它使产品发展成为商品。一旦工场手工业相当巩固，尤其是大工业相当巩固，大工业就用自己的商品来夺取市场。这时，商业就成了工业生产的奴仆，而对工业生产来说，市场的不断扩大则是它的生活条件。限制这种扩大的，不是商业，而是执行职能的资本的量和劳动生产力的发展水平。

第三节 对马克思商业理论的不同见解

一、关于商业劳动是否创造价值的不同见解

在当今世界，商业等服务业在国民收入中所占的比重呈不断上升趋势，服务业在整个国民经济中的地位越来越重要。这种状况导致人们产生疑问，按照马克思的观点，流通不创造价值，只有生产才创造价值，那么，到底怎么看商业劳动等服务业劳动比重不断上升的问题？服务业的价值都是转移价值吗？

这个问题的实质是如何科学对待马克思的劳动价值论。首先，时代的发展迫切需要深化劳动价值论。新中国成立以来，我国对劳动价值论有过多次争论。有的争论是在计划经济时期进行的，有的是在计划经济向社会主义市场经济转型时期进行的，最近的一次争论则是在21世纪初，在中央提出要深化对劳动和劳动价值论的认识后进行的。因此，当前谈深化对劳动价值论的认识，就是要从时代特征出发，回答社会主义市场经济实践中出现的新问题、新情况。其次，就理论自身而言，劳动价值论也需要发展。理论的产生总是带有当时时代的特征，马克思的劳动价值论是在100多年前提出的，今天的社会现实情况和当时比较已经有了很大的不同。当时不重要的经济现象在今天却越来越重要，还出现了很多新的经济现象。这就要求理论自身要有所发展，从而能够适应时代的发展。这也正是马克思主义具有与时俱进的理论品质的良好写照。

在深化对劳动价值论的认识时，要注意防止两种倾向：一种倾向是借深化之名，行否定之实。有观点提出要深化劳动价值论，但是开出的药方却是用效用价值论来代替劳动价值论。有观点认为价值是看不见、摸不着的，分析价值的意义不大，在市场经济条件下应直接分析价格，并且用供求理论来

分析价格。这些观点都是打着深化劳动价值论的幌子放弃了劳动价值论。另一种倾向是借深化之名，行扭曲之实。有观点提出物化劳动价值论，并认为该理论是马克思劳动价值论的现代发展。有观点认为马克思劳动价值论只是适用于原始的物物交换。这些说法，表面上是在深化劳动价值论，但实际上是在歪曲、误解马克思的劳动价值论。

因此，深化马克思劳动价值论的基本原则是在坚持的基础上深入发展。这种原则落实到服务劳动是否创造价值，意味着要实现“两个突破”：

（1）要突破将物质资料生产局限于实物生产领域的观点。在马克思所处的时代，由于当时服务业所占的比重比较小，故服务劳动不是其理论分析的重点。因此，马克思在分析资本主义生产时，其研究范围主要是实物生产。当时的财富观主要是实物财富观。随着时代的发展，服务业的地位越来越重要。发达国家和我国的服务业增加值都已经超过第一产业和第二产业增加值之和。因此，如果还是将物质资料生产领域局限于实物生产领域，就无法解释服务业在国民经济核算中所占的比重越来越重要的事实。这就要求将研究视野从实物领域扩展到服务业领域，不仅要树立实物财富观，而且要树立服务财富观。

（2）要突破人类劳动只有凝结在实物上才能创造价值的观点。一旦突破物质资料生产仅仅局限在实物生产领域的观点，就意味着价值承担者就不仅局限在实物上，服务（产品）也成为价值的承担者。因此，人类劳动就不仅凝结在实物上可以创造价值，凝结在服务产品上也可以创造价值。

服务劳动创造价值意味着商业等服务是企业利润的重要源泉。在高科技领域有个著名的“微笑曲线”，该曲线用来描述生产个人电脑的各个工序的附加价值特征。在整个个人电脑的产业链里，上游的 CPU、操作系统和下游的售后服务等工序具有较高的附加价值，而处在中游的组装生产等工序则利润空间最小。这里，产业链的上下游主要是提供服务的，只有中游也就是制造这个环节是进行实物生产。如果还是采取传统的劳动凝结在实物上才能创造价值的观点解释这种现象，就无法解释服务业为什么会成为整个产业利润的主要来源。

二、关于价值、价格、供求关系的争论

西方经济学认为供求关系决定价格。马克思指出，价格是由价值决定的，供求只是影响价格。同时，马克思在《资本论》第三卷又提出市场价值的概念。如何理解市场价值？有观点认为市场价值就是价值，这两者没有区别。有观点认为市场价值就是市场价格。这些观点值得商榷。要正确理解市场价值的概念及其作用，就必须了解市场价值、市场价格以及供给、需求概念及其相互作用机制。

1. 概念辨析

（1）价值与市场价值。市场价值就是社会价值，与价值概念相比，它具有两个特点：①它强调商品的价值必须要通过市场才能实现，价值概念侧重强调价值是由生产领域的劳动决定的。②市场价值量的决定在一定程度上深化了价值量的决定理论。马克思指出价值量是由社会必要劳动时间决定的，而社会必要劳动时间是指“在现有的社会正常的生产条件下，在社会平均的劳动熟练程度和劳动强度下制造某种使用价值所需要的劳动时间”①。可见，这里决定社会必要劳动时间的有两个因素：一是现有的社会平均生产条件，二是现有的社会平均劳动能力。如何理解这个社会平均条件？只有借助于市场价值才能作出明确的阐述。

马克思指出：“市场价值，一方面，应看作一个部门所生产的商品的平均价值，另一方面，又应看作是在这个部门的平均条件下生产的并构成该部门的产品很大数量的那种商品的个别价值。”② 具体说来，市场价值的决定可以分为以下 4 种情况：

第一，如果中等生产条件生产的商品量占很大的数量，市场价值就按中等生产条件下商品的个别价值决定；

第二，如果最坏生产条件下的商品量占很大的数量，市场价值就按最坏

① 《马克思恩格斯文集》第 5 卷，人民出版社 2009 年版，第 52 页。
② 《马克思恩格斯文集》第 7 卷，人民出版社 2009 年版，第 199 页。

生产条件下的商品的个别价值决定；

第三，如果最好生产条件下生产的商品量占很大的数量，市场价值就按最好生产条件下的商品的个别价值决定；

第四，严格说来，市场价值是按各个生产条件下生产的商品总量的总价值除以商品总量决定。

这里，举两个例子：

第一例：棉纱厂生产1000件棉纱，假定其他条件相同，优等条件下生产150件，每件棉纱的生产时间为2小时；中等条件下生产700件，每件棉纱的生产时间为4小时，劣等条件下生产150件，每件棉纱的生产时间为6小时，则每件棉纱的平均价值为（150×2+700×4+150×6）/1000＝4小时。在这种情况下，市场价值就等于中等条件下棉纱生产的个别价值。

第二例：棉纱厂生产1000件棉纱，假定其他条件相同，优等条件下生产200件，每件棉纱的生产时间为2小时；中等条件下生产750件，每件棉纱的生产时间为4小时，劣等条件下生产50件，每件棉纱的生产时间为6小时，则每件棉纱的平均价值为（200×2+750×4+50×6）/1000＝3.7小时。在这种情况下，中等生产条件虽然占很大数量，但它的个别价值也只是接近于平均价值，而不等于平均价值。这时的市场价值就是按各个生产条件下生产的商品总量的总价值除以商品总量来决定。

可见，严格说来，市场价值是按各个生产条件下生产的商品总量的总价值除以商品总量决定的。前面的三种市场价值的决定方法只是一种近似。

（2）价格与市场价格。市场价格实际上就是价格，两者没有什么本质的区别。价格前面加“市场”两字，更突出指出商品必须通过市场，通过出售，才能实现其中包含的价值。因此，市场价格是市场价值的货币表现。

（3）供求关系。供给和需求这两个概念都是质与量的统一。从质的角度来讲，关于供给，“这就是处在市场上的产品，或者能提供给市场的产品”①。

① 《马克思恩格斯文集》第7卷，人民出版社2009年版，第207页。

关于需求，就是指生产者和消费者对生产资料和生活资料的需求。供求关系是商品经济的基本关系，因为在商品经济中，市场的主体就是卖者和买者，市场所反映的商品生产者之间的关系就是买者和卖者之间的关系。因此，马克思指出：“在商品的供求关系上再现了下列关系：第一，使用价值和交换价值的关系，商品和货币的关系，买者和卖者的关系；第二，生产者和消费者的关系，尽管二者可以由第三者即商人来代表。”① 在资本主义社会中，“供求以资本主义生产过程为前提，因而以和单纯的商品买卖完全不同的复杂化了的关系为前提”②。在简单的买和卖上，只要有商品生产者自身互相对立就行了。但是在资本主义社会，“供求还以不同的阶级和阶层的存在为前提，这些阶级和阶层在自己中间分配社会的总收入，把它当作收入来消费，因而造成那种由收入形成的需求；另一方面，为了理解那种由生产者自身互相造成的供求，就需要弄清资本主义生产过程的全貌”③。

供求除了具有质的含义，还有量的规定：

第一，商品的供给量就是年再生产总量，也表现为一定的价值量；商品的需求量就是社会需要量，因而也表现为一定的价值量。从理论上说，应该假定，“在需求方面有一定量的社会需要，而在供给方面则有不同生产部门的一定量的社会生产与之相适应”④。商品的社会需要量具有很大的伸缩性和变动性。“市场上出现的对商品的需要，即需求，和实际的社会需要之间存在着数量上的差别，这种差别的界限，对不同的商品说来当然是极不相同的。”⑤

第二，供给和需求还是一个总量概念。“说到供给和需求，那么供给等于某种商品的卖者或生产者的总和，需求等于这同一种商品的买者或消费者（包括个人消费和生产消费）的总和。而且，这两个总和是作为两个统一体，两个集合力量来互相发生作用的。个人在这里不过是作为社会力量的一个部

① 《马克思恩格斯文集》第7卷，人民出版社2009年版，第214页。
② 《马克思恩格斯文集》第7卷，人民出版社2009年版，第216-217页。
③ 《马克思恩格斯文集》第7卷，人民出版社2009年版，第217页。
④ 《马克思恩格斯文集》第7卷，人民出版社2009年版，第209页。
⑤ 《马克思恩格斯文集》第7卷，人民出版社2009年版，第210页。

分，作为总体的一个原子来发生作用，并且也就是在这个形式上，竞争显示出生产和消费的社会性质。”①

因此，只从质或只从量的角度讨论供给和需求都是不全面的。只有将这两者结合起来，才能完整地把握这两个概念。

2. 价值与价格、价值与供求、价格与供求的关系研究

（1）价值与价格关系。①价值决定价格。价值是价格的本质，价格是价值的货币表现形式。价值的变化会引起价格的变化。②价格影响价值。价格的变动如果引起生产条件的变化或不同条件下商品数量的变化，则价格会影响价值。否则，如果生产条件不变或供给量不变，则价值量不会改变。

（2）价值与供求关系。①需求影响价值量的决定

价值量的决定公式是=（不同生产条件下商品的个别价值×不同生产条件下的商品数量）/总数量。

这里，必须注意区分不同生产条件下的商品数量和需求量之间的区别。需求量是市场上出现的对商品的需要量，不同生产条件下的商品数量则是供给量，② 故这里确切的讲法是需求间接影响价值量决定，而不是供求间接影响价值量的决定。因为供给量的变化本身就是价值量决定的一个要素。需求有两种途径影响价值量的决定：

第一种途径：需求量的变化引起供给量的变化，从而影响价值量的决定。

第二种途径：需求量的变化引起生产条件的变化，从而影响价值量的决定。

这两种途径的区别在于，第一种途径对价值量决定的影响比第二种途径对价值量的影响程度相对小。

例如，棉纱厂生产 1000 件棉纱，假定其他条件相同，优等条件下生产 150 件，每件棉纱的生产时间为 2 小时；中等条件下生产 700 件，每件棉纱的

① 《马克思恩格斯文集》第 7 卷，人民出版社 2009 年版，第 215 页。

② 注：这里要注意区分生产量和供给量。全年生产的产品并不都是商品，如农民自产自用的口粮。但是只要它生产的目的是出售，则这里的商品量就是商品供给量（故全年生产的产品量>商品供给量）。

生产时间为 4 小时，劣等条件下生产 150 件，每件棉纱的生产时间为 6 小时，则每件棉纱的平均价值为（150×2+700×4+150×6）/1000＝4 小时。

现在假设需求量由 1000 件变为 1050 件，优等条件下生产 170 件，每件棉纱的生产时间为 2 小时；中等条件下生产 720 件，每件棉纱的生产时间为 4 小时，劣等条件下生产 160 件，每件棉纱的生产时间为 6 小时，则每件棉纱的平均价值为（170×2+720×4+160×6）/1050＝3. 98 小时。

现在假设需求量由 1000 件变为 1050 件，优等条件下生产 170 件，每件棉纱的生产时间为 1 小时；中等条件下生产 720 件，每件棉纱的生产时间为 3 小时，劣等条件下生产 160 件，每件棉纱的生产时间为 5 小时，则每件棉纱的平均价值为（170×1+720×3+160×5）/1050＝2. 98 小时。

之所以第二种途径对价值量决定的影响程度大，原因在于需求量的变化引起劳动生产率的变化，劳动生产率与商品价值量成反比。因此，追求技术进步，提高劳动生产率是降低商品价值的根本手段，靠增加供给来降低商品价值的手段是非常缓慢的。

②价值量的高低影响需求量。一般说来，商品的价值量与商品的需求量成反比。因为价值量低，价格也会低，从而对商品的需求会增加。

（3）价格与供求。①供求不决定价格。因为一旦假设供求一致，互相抵消，就无从解释为什么商品正好表现为这个价格，而不表现为另外一个价格。例如，假设供求一致，为什么汽车的价格一定要比自行车高？这是用供求无法解释的。因此，供求不决定价格，决定价格的是价值。

②供求影响价格。一般说来，供大于求，价格降低，供小于求，价格升高。

③价格影响供求。一般说来，价格升高，供给增加，需求减少；价格降低，供给减少，需求增加。

3. 价值、价格与供求三者的关系

（1）价值变动引起价格变动，进而引起供求关系变动。

（2）价格变动引起供求关系变动，从而影响价值变动。价格变动引起供求关系变动，如果进而引起生产条件或不同生产条件供给量的变动，就会影响价值量的决定。否则，如果不引起这两者的变动或两者变动相互抵消，则价值量就不会变动。

（3）供求变动与价值、价格的关系。在假设价值不变的条件下，供求关系的变动抵消价值与价格的偏离。这有三层含义：

第一，可以用供求关系说明市场价格和市场价值的偏离。如果供求一致，市场价格与市场价值就相符合；如果不一致，市场价格与市场价值就会相偏离。具体说来，可分为三种情况。第一种情况：如果供求一致，那么商品就按照符合市场价格的市场价值出卖；第二种情况：如果商品的供给量大于或小于需求量，市场价格就会偏离市场价值；第三种情况：如果需求量和供给量之间的差额更大，市场价格就会偏离市场价值更远，或更高于市场价值，或更低于市场价值。

第二，供求关系的变动还抵消市场价格与市场价值的偏离。如果供过于求，市场价格低于市场价值，生产者就会减少供给，同时消费者增加需求，从而使市场价格逐渐接近市场价值；反之，如果供不应求，市场价格高于市场价值，生产者就会增加供给，同时消费者减少需求，从而使市场价格逐渐接近市场价值。因此，"供求关系一方面只是说明市场价格同市场价值的偏离，另一方面是说明抵消这种偏离的趋势，也就是抵消供求关系的作用的趋势"①。

第三，由供求不一致引起的市场价格同市场价值的偏离，会平均化为市场价值。这是因为，虽然从一定场合来看，供求一般是不一致的，但从一个较长时期，从一个整体来看，这种偏离又会互相抵消，市场价格的平均数同市场价值又是一致的，即市场价格会平均化为市场价值。

4. 竞争的调节作用

这三者的关系是靠竞争机制调节的。也就是通过商品生产者之间的竞争或货币所有者之间的竞争调节供求、价值与价格的关系。

（1）竞争是导致价值变动的外在压力。商品生产者追求利润最大化的内

---

①《马克思恩格斯文集》第7卷，人民出版社2009年版，第212页。

在动机和相互之间的竞争所导致的外在压力，促使商品生产者不断提高技术水平，从而导致价值的变动。价值的变动导致价格的变动，进而引起供求关系的变动。

（2）价格变动导致供求变动是靠商品生产者和货币所有者之间的竞争实现的。价格升高导致供大于求，从而使商品生产者之间的竞争加剧；价格降低导致供不应求，从而使货币所有者之间的竞争加剧。

（3）供求变动抵消价格与价值的偏离也是靠商品生产者和货币所有者之间的竞争实现的。供大于求，商品生产者之间展开竞争，导致商品价格下跌，抵消价格与价值的偏离。供不应求，货币所有者之间展开竞争，导致商品价格上涨，抵消价格与价值的偏离。

因此，正是通过商品生产者或货币所有者之间的竞争，才调节价值、价格与供求三者之间的关系。

第四节　马克思商业理论的现实意义

商业理论揭示了商业在经济发展中的重要作用。商业有广义与狭义之分，狭义的商业是指专门从事商品交换活动的企业，广义的商业是指所有以营利为目的的企业。谈论商业的现实意义，就是要在当前实施“商业立国”战略。所谓商业立国战略，是指在我国实施包括商业创富、商业政治、商业文化、商业教育在内的四位一体的发展战略。

一、商业创富

商业立国战略的核心是商业创富。商业创富，就是国家要把鼓励公民兴办各类企业，从而创造尽可能多的财富作为经济发展的战略目标。之所以要提商业创富，有两点理由：一是符合马克思主义唯物史观的基本原理。马克思主义唯物史观告诉我们，生产力决定生产关系，经济基础决定上层建筑。因此，生产力是推动经济社会发展的决定性因素。在社会主义市场经济条件下，要推动生产力的发展，就必须要创办企业。只有以企业为平台，放手让一切劳动、知识、技术、管理和资本的活力竞相迸发，才能创造尽可能多的社会财富。二是我国转变经济发展方式和实现现代化建设各项任务的根本要求。我国要转变经济发展方式，实现现代化，从根本上说，就是要激发经济发展的内生活力。这就要放手鼓励人们创业兴业，在国家各项政策的引导下，通过无数企业的自由竞争、公平竞争，实现各类资源的有效配置，从而实现产业的升级换代和经济发展方式的转变。

因此，商业创富是我国转变经济发展方式的根本，是连接我国各项经济发展战略的主线。当前，我国在经济方面的基本战略是加快完善社会主义市场经济体制。正如中共十八届三中全会指出的，经济体制改革是全面深化改革的重点，核心问题是处理好政府和市场的关系，使市场在资源配置中起决定性作用和更好地发挥政府的作用。那么，如何才能发挥市场的决定性作用？就是要鼓励创办越来越多的企业，企业是市场的主体，只有有足够多、足够活跃的主体，市场机制才能发挥作用，政府的调控作用才有目标指向。所以，要加快完善社会主义市场经济体制，就必须要放手鼓励人们创业兴业。我国提出了科教兴国、可持续发展、创新驱动发展战略、建设资源节约型环境友好型社会等重要发展战略，如何推进这些战略？不可否认，科教兴国和创新驱动发展战略，科学家、教师、研究人员的作用很重要；可持续发展战略、建设资源节约型和环境友好型社会，环境保护机构、民间团体等社会组织的作用很重要，但是，这些机构和人员都只是掌握与战略实施直接相关的那一部分资源，科学家、教师、研究人员只是掌握科研成果、人力资源；环境保护机构、民间团体只是掌握环境资源，而战略的实施，必须要有资源整合的能力，在市场经济条件下，他们都不具备全面整合资源的能力。只有企业才能成为资源整合的平台，将科技资源、创新资源、环境资源等各类资源进行综合整合，从而推动各项重大战略的顺利实施。

因此，商业创富作为商业立国战略的核心，能够将基本战略和重要战略有机整合起来，从而推动我国经济发展方式转变和经济持续发展。

二、商业政治

在商业创富的同时，还必须推进商业政治。所谓商业政治，有三层含义：一是提高企业家的政治地位；二是政治要为商业服务。三是政治要监督商业运行。

中国历史上商人的地位始终不高。在封建社会，长期遵循“重农抑商”的治国理念，按士农工商的顺序给社会分等级，商人处于社会的最低等级，这种等级顺序是导致封建社会商品经济发展缓慢的重要原因，也是导致我国近代陷入百年屈辱的重要原因。近代中国虽然有了资本主义工商业，但是，洋务运动时期的企业主要是由封建官僚兴办的，商的身份被官的身份笼罩，商人地位低下。辛亥革命后，民族资本虽有发展，但深受外国资本、官僚资本和封建地主阶级的压迫，在推翻帝国主义、封建主义和官僚资本主义这三座大山的革命运动中，民族资本家由于对革命的摇摆性，导致其没有也不可能在政治上占据重要地位。新中国成立后，通过手工业和资本主义工商业的社会主义改造，中国建立了计划经济体制。在计划经济体制下，中国形成了“两个阶级一个阶层”（工人阶级、农民阶级和知识分子阶层）。在当时的历史条件下，政企不分，企业领导人由政府任命，国家计划控制了企业的生产和经营。因此，在计划经济条件下，商的身份与官的身份相混淆，商业是政治的附属物，商人没有自己独立的政治地位。改革开放后，随着国有企业改革的深入、民营经济和外资经济的快速发展，我国企业家对经济社会发展的重要作用日益显现。但是，与此相伴的则是对各种类型企业的质疑声。从质疑国有企业的产权不清晰论、垄断论到质疑民营企业的原罪论、剥削论，商人始终在政治上难以得到完全信任。党的十六大明确提出在社会变革中出现的个体户、私营企业主、自由职业人员等新的社会阶层是中国特色社会主义事业的建设者。中央提出要把承认党的纲领和章程、自觉为党的纲领和路线而奋斗、经过长期考验、符合党员条件的社会其他方面的优秀分子吸收入党，民营企业家的政治地位才有所提高。

因此，当前条件下谈商业政治，就是要继续提高企业家的政治地位。必须指出的是，提高企业家的政治地位不能理解为是政府的恩赐，更不能理解为是政府为推动经济发展而采用的权宜之计，它是有着充分的理论依据的。政治是由经济决定的，因此，一个阶层在政治上处于什么地位，从根本上是由其在经济中的作用决定的。哪一个阶层的贡献大，哪一个阶层的政治地位就要高。这是判断阶层政治地位高低的唯一标准。在市场经济条件下，企业家和工人、农民、知识分子共同创造了社会财富，企业家在财富创造中属于资源整合者的地位。根据劳动价值论，这种资源整合的劳动，属于复杂劳动。在同样的劳动时间内，复杂劳动创造的价值是简单劳动创造价值的数倍。只有企业家和工人、农民、知识分子共同创造出社会财富后，财富才会在非生产劳动者之间进行分配。先有财富的生产，才会有财富的分配；在财富生产中，复杂劳动创造的价值又高于简单劳动。正是这两点原因，决定了企业家在财富创造过程中的突出作用。所以，必须要继续提高企业家的政治地位，从而使其政治地位与所做出的经济贡献相匹配，只有这样，才能激励企业家们为社会创造更多的财富。

推进商业政治，必须强调政治为商业服务。计划经济时期，企业成为政府的附属物，成为政治的附属品，这完全颠倒了政治和商业的相互关系。改革开放后，国有企业和政府又存在政企不分的问题，直到现在政企不分的问题都没有很好地解决。政治和商业之间到底该谁为主？谁为辅？从理论上看，这个问题应该是很清楚的。唯物史观告诉我们，生产力决定生产关系，经济基础决定上层建筑。因此，很明确，商业为主、政治为辅，政治要为商业服务，政治要为商业的正常运行创造良好的环境。

在强调政治为商业服务的同时，也不排斥政治要监督商业运行。唯物史观指出，上层建筑对经济基础有反作用。这种反作用就表现为政治对商业的监督作用。政治如果不监督商业，就是政治的失职。同样，离开政治监督的商业很容易演变成见利忘义、不负责任的商业。时下中国的诸多问题都与政府监督不力有关。例如，为什么我国屡屡出现食品安全问题？商人的见利忘义固然应当谴责，但是，政府部门的监督不力才是问题没有解决的关键所在。如果政府敢于痛下决心，该重罚的重罚，该破产的破产，该判刑的判刑，相信解决这个问题应该是不难的。

因此，在强调政治要为商业服务的同时，也强调政治要监督商业运行，这两者合起来，就是要合理界定政府的职能。改革开放以来，我国虽历经多次政府机构改革，但始终没有合理界定政府的职能。政府职能越位、错位和不到位的现象屡屡存在，因此，必须以处理好政府与市场的关系为核心处理商业和政治的关系。政治要保护商业，为商业的发展、为市场经济的发展创造稳定的环境；政治要鼓励商业发展，从而鼓励市场经济的发展；政治要调节商业防止经济的大起大落；政治要监督商业，防止企业胡作非为，保护消费者的合法权益。

三、商业文化

商业创富和商业政治的发展需要以商业文化为底蕴。当前谈论商业文化，许多人都是在谈论商业精神、儒家文化、中西方商业文化的区别、不同企业的文化。因此，给人的感觉是没有统一的商业文化定义。这种现象根源于不同学者对文化概念的理解不同。正是由于对文化的理解不同，因此，不同学者对商业文化有不同的理解。笔者认为，所谓商业文化，不能从器物的层面来理解，而应该主要谈论商业的精神和价值观。这是商业文化的核心。具体说来，商业文化要解决的问题有 3 个：一是为什么要办企业？二是怎么办好企业？三是如何处理企业和社会其他组织的关系？

第一个问题涉及企业的本质。对于企业的本质，马克思主义经济学认为资本主义企业的目的就是追求剩余价值最大化，西方经济学认为企业家是经济人，其目标就是追求利润最大化，因此，这两者虽然名词不同，但实质都是一致的，就是认为企业的本质就是追求利润最大化，就是要挣钱。因此，就经济学来说，为什么办企业是没有疑义的，就是要挣钱。但是，非经济学领域对此有太多的质疑。很多人认为经济人假设不成立，人不仅仅是经济人，还是社会人。办企业绝不仅仅是为了挣钱，挣钱只是企业的目的之一，企业还要承担相应的社会责任。这个说法可以理解，但实际上不管是企业，还是其他社会组织，甚至个人，都要承担社会责任，因此，如果把承担社会责任作为企业的本质，那么，企业和其他社会组织就没有任何区别了。因此，挣钱就是企业的根本目的，也是企业存在的价值所在。一个不能挣钱的企业连自身的生存都成问题，还何谈为社会承担责任。所以，讲商业文化，首先就是讲挣钱文化。必须在全社会形成挣钱光荣的文化氛围，大力培养、宣传致富英雄、致富能手。

商业文化对于打破“官本位”文化具有重要的作用。我国有2000多年的封建社会历史，“官本位”思想在中国社会是根深蒂固。整个社会的价值观是以“官”来定位的，官大的社会价值高，官小的社会价值小，与官不相干的职业则比照“官”来定位各自的价值。由于以官为荣，不少科技、教育人才放弃自己的专业特长，投奔官场，导致人才资源错配；由于以官为本，一切行为围绕官级晋升转，导致社会浮躁，追逐官位名利，无法沉下心干事创业，抑制了人们创业创新的积极性。因此，大力培养商业文化，鼓励更多的人创富、致富，在全社会形成致富光荣、致富是实现人生价值的最佳途径等舆论氛围，对于打破“官本位”文化具有重要的意义。

第二个问题涉及办企业的过程和效果。办企业首先要解决用什么样的精神来创办企业。在这方面，不同企业、不同地区都根据自身特点进行了相应的探索，留下了丰厚的积淀。如国有企业的奉献精神，浙商的“走遍千山万水，说尽千言万语，想尽千方百计，尝遍千辛万苦”的“四千精神”；闽商的“爱拼才会赢”精神，粤商的自由开放精神等等，都为如何办好企业进行了生动的阐释。

企业精神是从过程的角度来评价如何办好企业。如果从结果的角度来讲，办好企业，就是要追求效率。追求效率，就是要在尽可能短的时间内，以尽可能少的投入获得尽可能多的产出。办企业最理想的是过程和结果的统一，这样的企业是优秀的企业；最不理想的企业是既没有企业精神、也没有效率的企业，这样的企业是不合格的企业；大部分企业要么更注重过程、淡化结果，要么偏重结果、淡化过程，这是处于中间状态的企业。所以，要提倡企业文化，就是要追求过程和结果的有机统一。企业既要讲奉献，也要讲奉献的效果；既要讲拼搏，也要讲拼搏的效果；既要讲开放，也要讲开放的效果。只有强调两者的统一，这样的企业文化才是完整的企业文化。

第三个问题涉及企业如何处理好与其他社会组织的关系。这是因为，企业作为法人，也是社会的一分子，不可能脱离开其他社会组织单独生存。同时，也只有处理好与其他社会组织的关系，企业才能更好地追求利润最大化。因此，从根本上说，两者是不存在冲突的。但是，改革开放以来，部分企业片面理解利润最大化，靠拖欠工资、漠视职工社会保障、破坏生态环境、偷税漏税、行贿受贿等种种非法手段追逐利益，从而导致企业利益和社会利益的严重冲突。因此，正如做事要先做人一样，做企业首先要先学会处理好与政府、社会的关系，只有企业与政府、社会和谐共处，企业才有可能长久地生存下去。因此，在这个问题上，核心就是要正常处理企业利益和社会利益的关系，它的关键就是要和谐相处。

因此，谈商业文化，就是要处理好三个问题，这三个问题回答起来就是三个词：利润、效率与和谐。这就是商业文化的核心。党的十八大提出“富强、民主、文明、和谐、自由、平等、公正、法治、爱国、敬业、诚信、友善”的 24 字社会主义核心价值观，这个核心价值观是对整个社会普遍适用的。具体到商业领域，在强调这 24 字核心价值观的同时，更要突出地强调利润、效率和和谐。尤其是利润和效率，解决了办企业的目的及其评价标准，可以说是商业文化的精华。笔者认为，它是社会主义价值观的重要组成部分，也是社会主义核心价值观的有益补充。

四、商业教育

要实现商业立国，根基是商业教育。商业教育既是商业立国战略的有机组成部分，也是科教兴国战略的有机组成部分，它是两大战略的有机结合点。从根本上说，商业教育就是要为商业立国源源不断地培养大批人才。具体说来，商业教育要达到三个目的：一是要通过普通学校义务教育在全社会普及商业知识，树立商业立国的理念。二是要通过专业教育培养服务于商业的各种通用人才。三是要通过高端商业教育培养商业领军人才。

商业立国首先要从娃娃抓起，这是商业教育的根基。只有从小学生开始抓起，商业立国战略才能深入人心。纵观我国的义务教育阶段，始终没有单独的商业教育课程，只有少量的内容混杂在思想品德课中，这种课程设置是与我国经济社会发展的战略指导思想相矛盾的。改革开放以来，中央指出我国发展要以经济建设为中心，这是贯穿我国经济社会发展的根本指导思想。这意味着所有的工作都要以此为中心展开，教育自然不能例外。然而，在我国义务教育阶段，“重理轻文”的倾向没有根本改变，在轻文的背景下，在文科课程设置上，重政治、法律、道德、轻经济的倾向没有改变，这实在是不符合党和国家的以经济建设为中心的根本大政方针。所以，我们必须通过调整课程设置，在义务教育阶段设立独立的商业教育课程，从而在全社会普及商业知识，树立商业立国的理念。

商业立国还要为商业输送大量的通用人才。所谓商业通用人才，就是具有良好的商业道德、熟练掌握商业基本知识和基本技能并具有一定创新能力的人才。这种人才主要通过专业教育，即职业教育和大学教育来培养。这是商业教育的中坚力量。为此，要从中国实际出发，在师资队伍建设、培养模式、教学内容等诸方面吸收和借鉴发达国家专业教育培养的有益经验，从而走出一条符合中国特色的商业专业教育之路。

商业立国离不开高端商业教育。这种高端商业教育主要是通过研究生教育特别是MBA、EMBA教育来实现的。高端商业教育的目的是培养商业领军人才。商业领军人才，也就是商业精英，必须具有丰富的实践、深厚的理论、国际化的视野、深刻的战略思维和强烈的社会责任感。因此，必须通过高端商业教育，使学生了解前沿的商业知识，具备跨文化的敏感性与人际沟通技能，成为具有在复杂环境下分析问题、解决问题能力的勇于承担未来挑战的创新型人才。当前，在中国深度融入世界的进程中，我们亟须通过高端商业教育培养和造就一大批像宁高宁、柳传志、张瑞敏、任正非、马云等商业领军人才，引领中国实现民族复兴的伟大梦想，这是高端商业教育生存和发展的理由，也是其承担的历史使命。

实施商业立国战略，是当前破解我国经济发展所面临的难题、全面深化改革、加快转变经济发展方式，实现全面建成小康社会的重要战略选择。实施商业立国战略的关键在于政府。政府是商业立国战略的发动者、宣传者、执行者。这就要求政府要从实现中华民族伟大复兴的战略高度，按照轻重缓急的步骤，从经济、政治、文化、教育四个方面全方位推进商业立国战略，从而实现我国发展的新的飞跃。

第三章　马克思的信用理论

马克思是在《资本论》第三卷第五篇研究信用理论的。马克思研究了信用的产生及其形式，分析了股份公司理论，对于社会主义市场经济条件下信用关系的发展具有重要的指导意义。

第一节　马克思信用理论的思想来源

一、关于通货学派的基本观点

通货学派或通货原理理论是19世纪广泛流行于英国的一种货币理论，是资产阶级经济学家对1825年开始的资本主义经济周期性发展所提出的一种理论。它以李嘉图的货币数量论为出发点，认为商品的价值和价格决定于流通领域中的货币数量。它以保持稳定的货币流通为目的，认为银行券所必需的黄金保证和根据贵金属进出口情况调整银行券的发行量是达到这一目的的唯一手段。

其理论要点是：

1. 关于利息率决定的观点

在《资本论》第三卷中，英格兰银行董事诺曼指出，利率不是取决于银行券的数量，而是取决于资本的供求。这里的资本是指生产上使用的商品或服务。他认为，假定资本家赊购棉花，没有从银行取得任何贷款，这时，现金价格和赊购价格在到期付款时出现的差额，就是利息的尺度。因此，即使根本没有货币，利息也还是存在。

马克思指出，这是自鸣得意的胡言乱语。第一，诺曼认为利率取决于资本的供求，而资本是生产上使用的商品或服务，这意味着利率是由商品的供求调节的。而实际上，商品的市场价格是由商品的供求决定的，现实中完全不同的利率和不变的商品市场价格是并行不悖的。第二，诺曼认为现金价格和赊购价格在到期付款时出现的差额，就是利息的尺度。而马克思认为情况恰恰相反。现有的利率才是现金价格和赊购价格在到期付款时出现的价格的差额。第三，马克思举例指出，假如棉花按照它的现金价格出售，比如说=1000 镑。就买卖而言，工厂主和棉花经纪人之间的交易已经结束了。但是，这里还有第二种交易，即贷出者和借入者之间的交易。比如说，1000 镑的价值是以棉花贷给工厂主的，他必须在 3 个月之内用货币偿还利息，就是高于现金价格的加价。这里，1000 镑棉花价值在 3 个月内贷出的价格，是由利率决定的。棉花本身以这种方式化为货币资本这一事实，在诺曼看来，就是证明，即使根本没有货币，利息也还是存在。实际上，如果根本没有货币，就决不会有一般利息率。

2. 奥弗斯顿关于资本与利率关系的观点

奥弗斯顿认为，利率的波动有两个原因：一是资本价值的波动；二是国内现有货币额的变动。利率所发生的一切波动，不管是波动时间广还是波动范围广，都可以归结为资本价值的变动。

马克思指出，一般说来，资本的价值正好就是利息率，所以在这里，利率的波动就是由于利率的波动。其次，关于现有货币额对利率的影响，这里犯的是混淆概念的错误。1847 年，由于工业生产过剩和农业生产不足，因而是完全不同的原因，引起了对货币资本需求的增加，即对信用和货币需求的增加。货币资本需求的这种增加，可以在生产过程本身的进行中找到原因。但不管是什么原因，正是对货币资本的需求提高了利息率，即货币资本的价值。因此，如果他在这里想说货币资本的价值提高了，是因为它提高了，那么，这是同义反复。如果他把资本的价值理解为利润率的提高，把利润率的提高看成是利率提高的原因，那么，这里，他是把概念混淆了。尽管利润减少，但货币资本的需求，因而资本的价值还是可以提高，一旦货币资本的相对供给减少，它的价值就会提高。因此，资本的价值在货币资本形式上提高了，是因为资本的价值在生产资本和商品资本形式上下降了。而奥弗斯顿却企图把不同种类的资本的这两种价值等同起来，把它们看作是资本一般的唯一价值，想使二者都同流通手段缺乏，即同现有货币缺乏对立起来。但是，同额货币资本可以用极不相等的流通手段量贷放出去。

3. 诺曼和奥弗斯顿关于把所有向银行要求贷款的人都看作是向银行要求资本的人的观点

诺曼和奥弗斯顿认为，银行家总是贷放资本的人，他的客户总是向他要求资本的人。银行家已经习惯于通过贷放来充当货币形式上的可供支配的社会资本的分配人，以致他每执行一次付出货币的职能，对他来说都表现为贷放。他付出的一切货币，在他看来都是贷款。

恩格斯指出，这种看法是错误的。这里，银行把钱贷给客户，有以下几种情况：一是银行同意只凭客户的个人信用给他贷款，而不需要客户提供担保，那么，这时候，客户得到的就不仅是货币，而且是货币资本。二是如果客户是以有价证券等抵押得到这笔贷款，那么，这笔贷款对他来说就根本不是获得追加资本，这里是货币的贷放，而不是资本的贷放。三是如果贷款采取汇票贴现的形式，那么，这时候，连贷款的形式都消失了，这是一种纯粹的买卖。

二、关于银行学派的基本观点

以图克和富拉顿为代表的银行学派对于什么是货币、货币资本、借贷资本等基本问题上也存在一系列混乱。

1. 图克关于货币和资本的错误观点

图克指出，“银行家的业务，除了发行凭票即付的银行券以外，可以分成两部分…一部分是从那些不能直接运用资本的人那里收集资本，把它分配给或转移给能够运用它的人。另一部分是从顾客的收入接受存款，并在顾客需要把它用于消费的时候，如数付给他们……前者是资本的流通，后者是货币的流通”①。

马克思指出，这种观点是错误的。当货币作为收入的花费，也就是充当个人消费者和零售商人之间的媒介时，它是作为货币进行流通的。当货币作为对资本的转移起中介作用时，不管它是充当购买手段还是支付手段，它都是资本。因此，资本和货币的区别，不是在于职能上的区别，而是在于后面所体现的生产关系的区别。因此，把流通作为收入的流通和资本的流通区别变成通货和资本之间的区别，是错误的。

2. 富拉顿关于借贷资本与流通手段的错误观点

富拉顿认为，对借贷资本的需求和对追加流通手段的需求，是完全不同的两回事，也不是常常结合在一起的。“在一切看起来都很繁荣的时候，在工资高，物价上涨，工厂繁忙的时候，通常都需要有流通手段的追加供给，以便完成各种同扩大和增加支付的必要性分不开的追加职能。而利息上涨，要求银行贷放资本的压力，主要是出现在商业周期的较晚的阶段，那时困难开始显露出来，市场商品充斥，回流延滞。”②

马克思指出，这种看法是错误的。使停滞时期和繁荣时期区分开来的，不是对贷款的强烈需求，而是在繁荣时期，这种需求容易得到满足，在停滞发生之后，这种需求难以得到满足。因此，作为两个时期特征的，不是贷款需求的数量差别。使两个时期区别的主要情况是，在繁荣时期，占统治地位的是对消费者和商人之间的流通手段的需求，在停滞时期，占统治地位的是对资本家之间的流通手段的需求。在营业停滞时期，前一种需求会减少，后一种需求会增加。

马克思指出，富拉顿之所以会犯这种错误，说明他把资本理解为银行不再能用自己发行的银行券，不再能用那种当然不花费它什么的支付凭据来发放贷款，而是用国债券、股票和其他有价证券所得到的进款来发放贷款。因

① 《马克思恩格斯文集》第7卷，人民出版社2009年版，第501-502页。

② 《马克思恩格斯文集》第7卷，人民出版社2009年版，第508-509页。

此，银行贷出的东西在任何情况下都是货币。在银行看来，当银行家被迫发放的贷款超过他的单纯信用时，银行就认为这些货币代表资本。这就混淆了货币和资本的区别。

三、关于1844年英国银行立法的评述

1844年的银行法把英格兰银行划分为一个发行部和一个银行部。发行部持有担保品1400万英镑，并持有全部金属储藏，并按二者的总和发行等额的银行券。一切不在公众手中的银行券都在银行部，再加上日常使用所必需的少数铸币，形成银行部的常备准备金。发行部以金交换公众手里的银行券并以银行券交换公众手里的金，同公众的其他交易则由银行部办理。因此，有多少金从银行金库流出，就会有等量的银行券流回到发行部并被销毁。因此，通货学派理想中的严格遵循金属流通规律的纸币流通就实现了。按照通货学派的论断，危机就永远不可能了。

马克思指出，银行法的目的是使货币更贵。把银行划分为两个部，使一国的金属储藏分散，削弱了它纠正不利的汇兑率的能力。银行法的规定就是为了提高利率。恩格斯指出："所以，这个银行法并没有消除危机，反而使危机加剧了，以致达到了不是整个产业界必然破产，就是银行法必然破产的程度。"①

因此，马克思正是在批判继承通货学派和银行学派理论和研究现实银行运动的基础上，构建起了自己的信用理论。

① 《马克思恩格斯文集》第7卷，人民出版社2009年版，第629页。

第二节　马克思信用理论的主要内容

一、借贷资本和利息率

1. 借贷资本和利息

（1）定义。所谓借贷资本，是指为获取利息而贷给职能资本家使用的货币资本。这里贷放给职能资本家的，总是一定的货币额，并且利息也是按照这个金额计算的。如果是以商品形式贷给职能资本家，那么，也要将其折算为一定的用货币表现的价值额，并且按照这个货币额计算利息。因此，借贷资本只是货币资本的一种特殊形式。

（2）本质。借贷资本的本质是资本商品。借贷资本首先是商品。因为普通商品交换中，买者出售的是商品的使用价值，卖者看中的也是商品的使用价值。这里，对于借贷双方而言，借方转让的是货币的使用价值，而贷方看中的也是货币的使用价值。因此，借贷资本首先是商品。同时，借贷资本又是一种特殊的商品。这种特殊的商品性质来自于货币取得的一种追加的使用价值，即作为资本来执行职能的使用价值。在这里，货币的使用价值在于它转化为资本来执行职能的使用价值。这里，货币资本家在把借贷资本的支配权出让给产业资本家的时间内，就把货币作为资本的这种使用价值，即生产平均利润的能力，让渡给产业资本家。因此，借贷资本是资本商品。

资本商品的特殊性在于：①在商品买卖中，买卖双方看中的是商品的使用价值，这个使用价值在使用过程中会消耗掉，但资本商品的特性是，由于它的使用价值的消费，它的使用价值不仅会保存下来，而且会增加。②在一般商品交换中，买者所购买的，是商品的使用价值，他支付的，是商品的价值，一般商品交换遵循等价交换的原则，在借贷关系中，借款人所购买的，是货币作为资本的使用价值，他所支付的，不是商品的价值。因此，借贷双方的关系和买卖双方的关系不一样，这里，不存在价值形式的变化，它所支付的，是价值加上利息。

（3）运动特点。借贷资本的运动公式可以表示为：G–G–W–G′–G′。该公式表示：借贷资本家将货币贷给职能资本家（G–G），职能资本家用货币进行生产，生产出商品，然后，把商品出售后获得更多的货币（G–W–G′）。然后，职能资本家要将本金加上所获得利润的一部分即利息还给借贷资本家（G′–G′）。从该公式可以看出，借贷资本的运动特点是：

第一，借贷资本的运动是双重支出和双重回流。双重支出是指借贷资本家将货币让渡给职能资本家（G–G），然后，职能资本家支出货币购买商品（G–W）。双重回流是指职能资本家销售商品，使货币流回到自己手中（W–G′），然后，再将一部分货币让渡给借贷资本家，使货币回流到借贷资本家手中（G′–G′）。这里，第二个G′在数量上要少于第一个G′。

第二，借贷资本的运动体现了两权分离。借贷资本家在不放弃货币资本的所有权条件下，将货币资本的使用权转让给了职能资本家。

第三，在借贷资本运动中，如果把职能资本家的运动抽掉，借贷资本的运动公式是G–G′。这里，货币资本表现为自行增殖的价值，它可以离开生产和流通过程的中介，直接创造更多的货币。资本表现为会生出货币的货币。这是现实资本运动没有概念的形式。

（4）利息。利息是职能资本家因取得贷款而付给借贷资本家的一部分平均利润。对于借贷双方而言，双方都是把同一货币额作为资本支出的。只不过在贷方手里，这个货币额只是可能的资本。只有在借方手里，这个货币额才是现实的资本。借入者通过使用货币资本产生利润。因此，他必须把利润的一部分支付给贷方，否则，贷方不会让渡货币的使用价值给借方。同样，贷方也不能要求获得全部利润，否则，借方就不会向贷方借入货币。所以，利息只能是产业资本家实现平均利润的一部分。

借贷资本作为资本商品应该有价格，这个价格表现为利息，但利息是借贷资本价格的不合理表现。因为借贷资本本身就是一定的价值额，一个价值额不能够在它本身的价格之外，在那个要用它本身的货币形式表示的价格之外，还有一个价格。所以，“如果我们把利息叫作货币资本的价格，那就是价格的不合理的形式，与商品价格的概念完全相矛盾”①。

2. 利息率

（1）定义。利率是指一定时期内利息额同贷出资本额之比，它通常用百分比来表示。

（2）利率的决定。利息是由利润调节的，因此，利率是由一般利润率调节的。利率的最高界限不能超过平均利润率。要具体考虑利率决定，就要研究经济周期与利率的关系。一般说来，利率在危机期间达到最高水平。

利率有下降的趋势。一是因为食利者阶级在不断增大，导致资本贷放者阶级增大，因此，借贷资本供给增加；同时，银行家能够把社会上的闲置资本集聚起来的规模在不断增加，也会导致借贷资本供给增加。因此，两者都会导致利率有下降的趋势。

在一个国家占统治地位的平均利息率，不能由任何规律决定，不存在所谓的自然利息率。因为利率取决于利润率的分割，而这种分割纯粹是经验的、属于偶然性事情。市场利率是不断变动的，它是由借贷资本的供求关系决定的。

马克思在第三卷第二十六章分析了货币资本积累对利率的决定性影响。如果货币资本供大于求，会导致利率下降；银行提供的贷款多少，对利率决定有影响，如果银行减少贷款，则利率会提高；如果流通中的货币量减少，则利率会提高。

（3）利率与利润率。利率的确定和利润率的决定是不一样的。利润率的决定是建立在剩余价值和工资的分割基础上的，而市场利息率的决定是由借贷资本的供求关系决定的，因此，利润率的决定要比市场利率的决定复杂得多。

同一般利润率相比，不管是平均利息率、还是市场利率都表现为固定的、既定的量，尤其是平均（中等）利率，在较长时间内都会表现为不变的量。

---

① 《马克思恩格斯文集》第7卷，人民出版社2009年版，第396页。

利润率则表现得模糊不清。

3. 利息和企业主收入

（1）利润分割为利息和企业主收入。当借贷资本获得利息后，则利润分为两部分，一部分是利息，另一部分是企业获得的企业主收入。

这里，利润分为利息和企业主收入看过去只是量的分割，但它在本质上却转变为质的分割。这是因为：

第一，大多数产业资本家都是既有自有资本，又使用借贷资本。因此，很自然就会把利润分为两部分，即先付利息后，剩下的才是他所获得的企业主收入。

第二，货币资本是与产业资本相独立的资本，利息是同这种独立的资本相适应的剩余价值形态。

从本质上看，这是两权分离的结果。利息是资本所有权所提供的剩余价值；而企业主收入是用资本所执行职能的结果，是资本使用权所提供的剩余价值。因此，这种两权分离，不管资本家进行生产时使用的是自有资本还是借贷资本，都会固定下来。从量的方面来看，利息只是同货币资本有关，利率是独立地决定的，它表现为确定的、明确的比率。因此，货币资本是独立的资本，正是这种独立性导致了这种分割。

（2）利润分割为利息和企业主收入进一步掩盖了剥削。当利润分割为利息和企业主收入后，企业主收入表现为资本执行职能的结果，它与利息相对立。企业主收入表现为监督工资，企业所获得的收入好像是替银行打工后所获得的收入，这就掩盖了剥削。

（3）对企业主收入表现为监督工资的分析。马克思指出，企业主收入表现为监督劳动。这种监督劳动具有二重性，一方面，只要是社会生产就需要有监督、有指挥；另一方面，这种监督劳动在资本主义条件下表现为为获取剩余价值而进行的监督。因此，这种监督劳动具有对立性，其目的是获取剩余价值。

同时，随着资本主义生产的发展，这种监督劳动往往不是由资本家自己担任，而是由产业经理来担任。这就使这种管理劳动作为一种职能越来越同借入资本的占有权相分离。于是，这就进一步产生了借入资本的占有权和管理劳动的两权分离。

因此，利润分为利息和企业主收入，企业主收入又进一步划分为企业主纯收入和管理工资，于是，出现了企业管理的三权分离。三权分离掩盖了剩余价值的真正来源。

4. 资本关系在生息资本形式上的外表化

在生息资本上，资本关系取得了它的最表面的和最富有拜物教性质的形式。在这里，不是显示货币到资本的实际转化，而只是这种转化的没有内容的形式。社会关系最终成为一种物即货币同它自身的关系。因此，尽管利息只是利润的一部分，但现在利息却反过来表现为资本的真正果实，表现为原初的东西，而转化为企业主收入形式的利润，却表现为只是在再生产过程中附加进来和增添进来的东西。在这里，资本的物神形态和资本物神的观念已经完成。于是，产生了资本拜物教。

这种资本拜物教把资本看作自行运动的自动机，看作一种纯粹的、自行增长的数字。以致有人幻想，100 磅按 10%的利息率以复利计算，经过 70 年，就会生出 102400 镑，这是资本拜物教的典型表现。但是，这种说法是完全错误的。只有在资本不断进行积累时，才能有所谓复利的积累。这种复利的积累是不可能的，因为利润率不可能一直不会降低，同时，资本积累并不是表现为资本积累长期过程的结果，而是表现为相对地说非常短的再生产时间的结果。这也说明，由于资本积累时间相对较短，故扩大再生产的规模和时间也相对较短，故落后的发展中国家能够在短期内赶上先进的发达国家，落后的企业能够在短期内赶上先进的企业。

二、商业信用和银行信用

借贷资本处在不断地运动之中。它不断由资本的所有者贷放给资本的使用者，然后又由资本的使用者附上利息后再归还给资本的使用者。资本主义信用是借贷资本的运动形式。信用是借贷行为，是以偿还为条件的价值的特殊运动。根据贷放资本的不同形态，信用可以区分为商业信用和银行信用。

1. 商业信用

商业信用是指职能资本家之间用赊账的方式买卖商品时提供的信用。在赊售商品时，商品从卖者手里转到买者手里，但卖者并没有得到货款，而是得到了一张延期支付的票据。这时候，买卖双方的关系就成了债权债务关系。商业信用的工具是商业票据。

商业信用是资本主义信用制度的基础。只有当商业信用发展到一定水平时，才能产生银行信用。由于商业信用只是职能资本家之间的信用，因此，存在一定的局限性。这表现在商业信用的规模受各个职能资本家资本数量的限制。同时，商业信用受商品流转方向的限制，它只能由上游给下游企业商业信用。正是由于其局限性，所以，商业信用要发展为银行信用。

2. 银行信用和银行资本

（1）银行信用。银行信用是银行或货币资本家以贷款方式向职能资本家提供的信用。之所以产生银行信用：一是信用货币的产生是银行信用产生的基础。信用货币的产生又是以商业票据的流通为基础。二是与货币经营业的发展有关。货币经营业，即生息资本或货币资本的管理促进了银行信用的产生。

因此，银行的作用是实现两个方面的集中：一个方面是借入者的集中；另一个方面是贷出者的集中。银行拥有的借贷资本来源途径是：一是作为产业资本家的出纳者集中资金；二是货币资本家的存款；三是一切阶级的货币积蓄和暂时不用的货币，都会存入银行。银行贷放业务有多种形式：如向其他银行签发支票、汇票，开立信用账户、发行银行券等等。

银行信用的特点：①可以制造虚拟资本。这主要是通过融通票据，就是人们在一张流通的汇票到期前又签发另一张代替它的汇票，这样，通过单纯流通手段的创造，从而创造虚拟资本。②银行信用容易过度膨胀，从而导致信用欺诈，进而引发经济危机。

（2）银行资本。银行资本由两个部分组成：一是现金，即金或者银行券。由金或者银行券构成货币准备金，这种银行准备金，总是表示储藏货币的平均量，这种储藏货币只是对金的货币凭证。二是有价证券。有价证券又分为两部分：一部分是商业证券即汇票。汇票是职能资本家之间的支付凭证。对银行家而言，这种支付凭证也是有息证券。贷款人在购买汇票时，会扣除汇票到期前的利息，这就是票据贴现。另一部分是公共有价证券，如国库券、国债券、各种股票等同汇票有本质差别的证券。国债和股票是虚拟资本的两种主要形式。虚拟资本有其独特的运动规律。其运动与预期收入成正比，与利率成反比。虚拟资本运动所导致的有价证券增值或者贬值如果同它们所代表的现实资本的价值变动无关，则一国的财富在这种增值或者贬值之后，和以前还是保持不变。

从银行资本来源看，不论是存入的资本还是自有资本，大部分都是虚拟资本。因此，马克思指出："银行家资本的最大部分纯粹是虚拟的。"①

三、信用在资本主义生产中的作用

信用对资本主义社会的发展起着重要作用：

（1）信用对利润率平均化起着重要的中介作用。利润率平均化有两个前提条件：一是要求资本的自由流动，二是要求劳动力的自由流动。信用制度的发展，对于促进资本的自由流动起着中介作用。没有信用制度的大发展，就难以实现利润率的平均化。

（2）有利于降低流通费用。流通费用最主要的是货币自身的费用，也就是花费在执行货币职能的商品上的费用，包括生产货币所花费的费用和补偿货币流通中磨损所花费的费用。信用制度的发展，一是导致相当大一部分交易不用货币。二是加快商品和货币流通速度。一方面，会加快货币流通速度。由于信用制度发展，故只要少量的货币额就可以起到以前大额货币的作用。另一方面，会加快商品形态变化的速度，从而加快货币流通速度。三是信用制度的发展导致用纸币代替金币，这也节省了流通费用。四是信用制度的发

① 《马克思恩格斯文集》第7卷，人民出版社2009年版，第532页。

展，导致资本形态变化的各个过程加快，从而使再生产过程加快，这会减少货币准备金。

（3）信用制度的发展促进股份公司的成立。股份公司是资本主义生产方式在本身范围内的扬弃，它是通向联合再生产的单纯过渡点。

（4）信用为单个资本家或被当作资本家的人，提供在一定界限内绝对支配他人的资本、他人的财产，从而支配他人劳动的权利。信用导致对社会资本的支配权，也就导致对社会劳动的支配权。因此，随着信用的发展，社会财产为少数人所占有，信用使少数人越来越具有纯粹冒险家的性质。

（5）信用是逐渐扩大合作工厂的手段。工人自己的合作工厂，是在资本主义生产内部对资本主义生产打开的第一个缺口。这里，劳资对立已经被扬弃，工人作为联合体是自己的资本家。因此，股份制和合作工厂都是对资本主义生产方式转化为联合生产的过渡形式，只不过，股份制是消极地扬弃这种劳资对立，合作工厂是积极地扬弃这种对立。

（6）信用制度加速了生产力的物质上的发展和世界市场的形成，使这二者作为新生产形式的物质基础发展到一定的高度。

在看到信用的积极作用时，也要看到信用制度的消极作用。信用制度把资本主义生产的动力——用剥削他人劳动的方法来发财致富——发展成为最纯粹最巨大的赌博欺诈制度，并且使剥削社会财富的少数人的人数越来越少。正是这种消极作用，才使它发展出了股份制度、合作社，从而成为转到联合生产方式的过渡形式。

四、货币资本和现实资本

这里的货币资本，是指以生息资本形式存在的货币资本；现实资本则是指生产资本和商品资本。货币资本积累和现实资本积累的关系，主要探讨两个问题：一是货币资本的积累在什么程度上是资本的现实积累的标志？第二个问题是借贷资本不足在什么程度上反映现实资本的不足呢？借贷资本不足又在什么程度上与货币本身的不足，即流通手段的不足相一致？因此，这些问题主要是考察生息资本的积累在什么程度上与现实资本的积累相一致，在什么程度上与现实资本的积累相反。

1. 在有价证券形式上的生息资本积累与现实资本积累的关系

（1）国债券积累与现实资本积累。国债券是消灭掉的现实资本，因此，如果把这种资本积累看作是现实资本的积累，就是对客观事物的颠倒。马克思指出："连债务积累也能表现为资本积累这一事实，清楚地表明那种在信用制度中发生的颠倒现象已经达到完成的地步。"①

（2）股票与现实资本积累。股票是现实资本的纸制复本。当股票积累表示铁路、矿山、汽船等的积累时，它们表示现实再生产过程的扩大。但是，在许多时候，股票价格涨落，与现实资本的价值运动完全无关。股票越来越在少数大企业家手中集中，这表明，股票越来越成为赌博的结果。

（3）有价证券的积累可以按不同于现实积累的方向进行。有价证券在银行家手中积累，这类人财产的积累，可以按极不同于现实积累的方向进行，银行家攫取了现实积累的很大一部分。

2. 商业信用与现实资本积累的关系

商业信用的扩大与缩小和扩大再生产的方向是一致的。商业信用同产业资本本身的规模一起增大。商业信用是商品形态变化的中介。这里，信用的最大限度，等于产业资本最充分的运用。在危机阶段，商业信用会收缩，这是由于再生产过程的停滞和收缩，而不是由于生产资本的缺乏。

3. 借贷资本积累与现实资本积累关系

借贷资本积累与现实资本积累并不都保持同步关系。在萧条阶段，借贷资本积累与现实资本积累不一致。在萧条阶段，物价下跌，交易减少，利率降低，商品资本向货币资本的转化困难，大量货币资本存入银行，导致借贷资本供给增加。这说明，借贷资本的运动方向与产业资本的运动方向在萧条阶段是相反的。随着银行制度的发展，货币资本扩大，这种扩大只会引起货币资本比生产资本充裕。

---

① 《马克思恩格斯文集》第7卷，人民出版社2009年版，第540页。

因此，总体来看，表现在利率上的借贷资本的运动和产业资本的运动是相反的。

（1）货币转化为借贷资本与现实资本积累关系。在萧条阶段和复苏阶段，借贷资本过多，但这两个阶段与现实资本关系不一样。在萧条阶段，借贷资本过多，但现实生产却处于停滞阶段。在复苏阶段，借贷资本积累快于现实资本积累。因此，在萧条阶段，借贷资本积累与现实资本积累成反比例关系；在复苏阶段，借贷资本积累与现实资本积累成正比例关系。

在没有任何现实积累的时候，借贷资本积累可以通过各种手段来实现。一是通过各种纯技术性的手段来扩大。如银行业务的扩大和集中，流通准备金或私人支付手段准备金的节约来实现。二是通过不断进行票据贴现来实现。三是大企业股东所缴纳的各种款项在实际使用前也会留在银行手里，这也增加借贷资本。因此，这种借贷资本积累与现实资本积累没有关系。同时，借贷资本量和通货量是完全不同的。在流通货币量保持不变的情况下，借贷资本量也会增加。

因此，在以上这些情况下，从货币转化为资本，也就是单纯由闲置资本转化为借贷资本来看，借贷资本积累与现实资本积累是没有关系的，两者有着各自不同的运动规律。

（2）资本或收入转化为货币，这种货币再转化为借贷资本。这里所谈论的借贷资本积累，不是商业信用活动发生停滞的表现，也不是实际流通手段或再生产当事人的准备资本节约的表现，也不是由于金的异乎寻常的流入而发生，而是指各种资本或收入转化为货币，然后再转化为借贷资本积累。因此，这种借贷资本积累是现实资本积累的结果。现实资本积累的增加，必然会导致借贷资本积累的增加。

这种现实资本积累包括：一是资本家所获得的利润再转化为资本部分，这部分剩余价值在转化为资本之前，一般是要存到银行，因此是以借贷资本形式存在的。二是资本家所获得的剩余价值用于消费部分，这部分收入也是逐步消费的，因此，在未消费之前，也是以借贷资本形式存在的。三是各种不同社会阶层收入也是转化为货币形式存在着。因此，一切收入，不论是用于消费还是积累，只要它存在于某种货币形式中，它就是商品资本转化为货币的价值部分，因而是现实资本积累的表现和结果。

从收入转化为货币，再由货币转化为资本的借贷资本的积累量，与现实资本的积累量是不同的。借贷资本积累量要超过现实资本积累量：一是因为从用于消费的收入部分来看，这种借贷资本积累量，总是大于现实资本积累量。二是因为产业资本循环中转化成的一切货币，不是采取预付货币的形式，而是采取借入货币的形式。三是货币资本积累还有几种特殊形式，如由于生产要素、原料等的价格下降，资本会游离出来；如果商人的营业中断，资本也会以货币的形式游离出来；一部分职能资本家发财后退出再生产领域，转化为货币资本家，他们把积累起来的资本存入银行，收取利息，成为借贷资本家。四是从利润用于积累的部分来看，要么因为该部门资本已经饱和，要么因为要执行资本的职能，要求积累额要达到一定的规模。五是从信用资本的特点来看，同一货币能够多次充当借贷资本发挥作用，同时，支付手段的节约和信用事业的发展也导致现实资本积累与借贷资本积累不同。

4. 信用和经济危机的关系

在经济危机时期，货币短缺，这容易造成一种错觉，以为危机是由于货币短缺引起的。这种观点是错误的。经济危机的原因，不在于信用缺乏，而在于生产和消费的对立。危机中出现产业资本过多，实际上表明商品过剩，难以出售。同时，在危机的时候，出现黄金外流。黄金外流不是危机的原因，而是危机的结果。同时，危机中的有价证券价格会下降，这和它们所代表的现实资本的运动无关，但是和它们的所有者支付能力关系极大。

五、信用制度和货币流通

1. 信用对流通手段量的影响

首先，信用能够节省流通中所需要的货币量。这是由于使用汇票能够执行支付手段的职能，因此可以通过多次流转节省流通中的货币量。同时，商业信用和银行信用的使用能够加快货币流通速度，从而节省流通中所需要的货币量。

同时，信用能够节省银行券的流通量。在银行券能够自由兑换黄金的条件下，银行券的流通量是由流通中的货币量来调节的。同时，流通中的银行券还要受货币流通速度和支付方面节约程度的调节。由于信用的发展，清算转账的速度加快，这就节约了银行券的流通量。

2. 流通手段量和利率的关系

利率是由借贷资本的供求关系决定的。银行券的流通虽然不能决定利率，但是对利率决定有影响：一是由于营业的扩大或缩小引起通货充足或紧缩，这可能会对利率决定发生影响；二是由于纳税或者支付国债利息时引起通货变化，也可能影响利率决定；三是在紧迫时期，通货的绝对量也会对利率决定产生影响。

在其他情况下，通货的绝对量不会影响利率。一是因为通货的绝对量在周转速度不变的情况下，是由商品价格总额决定的，最后是由信用的状况决定的，而通货的绝对量不会反过来决定信用的状况；二是因为在商品价格和利息之间无任何必然的联系。

3. 汇票的流通量是由交易上的需要决定的

汇票可以作为流通手段使用。汇票的流通量由交易上的需要决定。在危机时期，汇票不能兑现，信用主义转化为货币主义。

4. 银行制造资本和利润的方法

银行有 4 种方法制造资本和利润：一是发行没有黄金保证的银行券；二是签发以 21 天为期在伦敦兑付的汇票。一旦汇票开出，银行就立刻会收到现金，因此，在 20 天内就可以使用这笔现金作为资本。三是付出已经贴现的汇票。由于汇票已经贴现，因此，银行已经得到一定的利息，这笔利息就成为银行的利润来源。四是大银行可以通过操纵货币市场，牟取暴利。通过资本集中使银行业巨头不仅能够消灭一部分产业资本家，而且能够用一种非常危险的方法干涉生产，如控制贷款、抬高利率等获取暴利。

高利贷资本和借贷资本的区别在于高利贷资本的贷款对象是小生产者、奴隶主和地主。而且，其利息会占有大部分甚至全部的剩余价值。而借贷资本则是以职能资本家为借贷对象，利息只是平均利润的一部分。

六、国际信用和货币流通

在马克思所处的时代，只有贵金属才充当国际货币。因此，要研究国与国之间的信用和货币流通，就要研究贵金属和信用在各国之间的流动。贵金属在各国之间的流动，又与汇兑率密切相关。

1. 金储藏的变动

（1）贵金属在各国之间的流动。研究贵金属在各国之间的流动，就是研究国际之间的货币流通问题。

贵金属在各国之间的流动有两种情况：一种是金银从它们的产地流入其他各国，另一种情况是金属在不产金银的区域内流来流去。金银从产地流入其他国家，主要是用于补偿铸币的磨损，满足对奢侈品的通常需求，以及增加对国外的输出。金银在不同国家之间的流动，不仅是贸易进出口差额的结果和表现，而且是贵金属进出口差额的表现，这里，贵金属进出口差额可以由多种因素引起，如对外投资，战争支出等等。

贵金属净流出和中央银行的金属准备之间有关系。大体说来，可以用中央银行的金属准备的增加或减少来测量贵金属的输入或输出。如果贵金属流出持续很长时间，以致减少表现为一种运动趋势，并且中央银行的金属准备下降到显著地低于中等水平，几乎达到了平均最低限度，则贵金属的输出就会采取流出的方式。中央银行的金属准备不能单独调节金属储藏量，因为金属储藏量可以仅仅由于国内外营业的停滞而增大。中央银行的金属准备有三个用途：一是作为国际支付的准备金，即世界货币的准备金；二是作为时而扩大时而收缩的国内金属流通的准备金；三是作为银行支付存款和兑换银行券的准备金。这三种用途都与贵金属净流出有密切的关系。就第三种用途而言，这是贵金属执行保证金的职能，这种保证金的数额与银行发行银行券的数额多少有密切的关系。

贵金属流动与经济危机之间有密切的关系。现实的经济危机总是在汇率发生逆转之后，即贵金属的输入又超出输出时爆发。一旦危机结束，金银就会按照金银在平衡状态下在各国形成特别储藏的比例再分配。在其他条件不变的情况下，每个国家的相对储藏量，是由该国在世界市场上所起的作用决定的。金银的流出，在大多数状况下是对外贸易状况变化的象征，而这种变化又是情况再次逐步接近危机的预兆。

（2）贵金属流动和信用危机。贵金属输入主要发生在两个时期：首先是在萧条阶段；该阶段利率低，生产缩小；其次是在复苏阶段，该阶段利率提高，但尚未达到平均水平，资本回流容易实现，商业信用规模很大，对借贷资本需求的增长赶不上生产的扩大。这时，金银流入，表示过剩资本的回流，会大大影响利率，进而影响生产。在繁荣阶段，商品过剩，这时国内对借贷资本的需求极为强烈，利率至少达到它的平均水平。这时，如果金银流出，就会直接影响利率，使利率提高，但利率提高不会限制信用业务，而是会进一步扩大信用业务使其进一步膨胀。这种情况如果持续下去，最终就会导致信用危机。

因此，贵金属的输入或者输出，都不单纯作为量本身发挥作用。与生产规模相比，贵金属的输入输出量是很小的。这么小的量能够起这么大的作用，与发达的信用制度密不可分。正是这种发达的银行制度，才引起整个机体的过敏现象。在生产不够发达的阶段，货币储藏多于或少于它的平均标准，相对来说是没有关系的。因此，在发达资本主义国家，中央银行被认为是信用制度的枢纽，金属准备被认为是整个银行的枢纽。这就进一步深化了资本拜物教。金银被认为是真正的资本，而为了维持这个资本，就必须牺牲所有其他形式的资本和劳动。金银被认为是财富社会性质的独立体现和表现。随着信用制度的发展，资本主义生产不断企图突破对金银运动的限制，突破这个物质的同时又是幻想的限制，但又不断在这个限制面前碰头。

2. 汇率

汇率是货币金属国际运动的晴雨表。如果英国对德国的支付多于德国对于英国的支付，则马克的价格，以英镑表示，就会在伦敦上涨。如果英国对德国的支付不能由在德国在英国的超额购买来平衡，则英国就要向德国输出金属来支付。如果贵金属的输出规模比较大，以致要动用英国的银行准备金，则英国货币市场的利率就会提高。因此，汇率的变动会影响利率变动。

贵金属的输出对汇率的影响和一般资本的输出对汇率的影响是不同的。如果输出是以贵金属的形式进行的，则会影响贵金属输出国的货币市场，从而影响利率。因为贵金属是借贷的货币资本，是整个货币制度的基础。如果资本是用铁轨等对外投资形式输出，就不会对汇率产生任何影响，因为国外不用对此付款。因此，不管商品是供输出还是供国内消费，货币市场所受的影响都是一样的。只有当英国的国外投资限制了英国的商业输出时，或者这种投资总的来说已经是信用过度膨胀或欺诈活动开始的象征时，才会对货币市场产生影响。

利率变动会影响汇率变动，特别是与汇率有关的那两个国家之间的利率比例会影响汇率变动。资本过剩，首先是各种商品的过剩，对利率产生影响。因此，当这个资本的相当一部分从一个国家转向另一个国家时，就会在两国按照相反的方向改变利率，进而改变两国的汇率。因此，借贷资本的运动和产业资本的运动不是一致的。商品价格变化不会直接引起利率变动，商品资本输出也不会直接影响利率，进而影响汇率。

因此，汇率变动的主要影响因素是：一是支付差额。如果对外支付超过其他国家对本国的支付，就会引起汇率贬值。二是本国货币贬值，这会导致汇率贬值。三是金银相对价值的变动影响汇率变动。

七、资本主义以前的状态

1. 高利贷资本

(1) 高利贷资本产生和发展的历史条件。高利贷资本是资本的洪水期前的形式。其产生的条件是已经有了简单商品生产，货币已经在它的各种不同职能上得到了发展。

高利贷资本的发展，是和商人资本的发展特别是货币经营业的发展联系在一起的。在奴隶经济时代，作为致富手段存在的一切形式中，货币通过购买奴隶、土地等等占有别人劳动手段致富的形式中，高利贷者通过将货币贷给奴隶主，从而分享奴隶主所获得的财富。

（2）高利贷资本的两种形式和作用。高利贷资本有两种形式：一种是对那些大肆挥霍的显贵、主要是对地主放的高利贷；另一种是对拥有自己生产条件的小生产者放的高利贷，这种小生产者主要是农民。这两种形式是携手并进的。一旦罗马贵族的高利贷把罗马的平民、小农经济彻底毁灭，这种剥削形式也就到了末日，纯粹的奴隶经济就代替了小农经济。

高利贷者所获取的利息会占有全部剩余价值。如果高利贷者不满足于只榨取剩余劳动，而是取得对后者劳动条件的所有权，那么，这就为资本主义生产方式的出现创造了前提。

因此，高利贷对于古代和封建社会的财富，对于古代和封建社会所有制，起到了破坏和解体的作用。但同时，高利贷虽然把货币财产集中起来，形成了独立的货币财产，但是，它不改变生产方式，而是像寄生虫一样紧紧吸附在它身上，使它虚弱不堪。因此，高利贷有资本的剥削方式，但没有资本的生产方式。

2. 从高利贷资本到银行信用

信用制度是作为对高利贷资本的反作用而发展起来的。反高利贷斗争，就是要让生息资本从属于产业资本，斗争的产物就是出现了现代银行制度。现代银行制度把一切闲置的货币准备金集中起来，并把它投入货币市场，从而剥夺了高利贷资本的垄断，另一方面，又建立信用货币，从而限制了贵金属本身的垄断。现代银行制度的建立，使生息资本适应于资本主义生产的条件。因此，高利贷资本仍然存在，但是，其所起的作用已经很小了。

在资本主义条件下，货币是信用制度的基础。信用制度以生产资料归资本主义私人所有为前提，是资本主义生产方式所固有的形式，同时，它又是促使资本主义生产方式发展到它所能达到的最高和最后形式的动力。

银行制度，就其组织形式和货币集中而言，是资本主义生产方式造成的最人为的和最发达的产物。同时，银行制度也提供了社会范围的公共簿记和生产资料的公共分配形式。因此，银行制度和信用制度扬弃了资本的私人性质，从而自在地包含着对资本本身的扬弃。银行制度从私人资本家和高利贷者手中夺走了资本的分配这样一种特殊的营业，从而成为促使资本主义生产超出它本身界限的最有力手段，同时也是引起欺诈和危机行为的一种最有效的工具。

银行券代替货币，表明货币是劳动及其产品的社会性的一种特殊表现，是一种特殊的商品。这种社会性和私人生产的基础相对立，表现为和其他商品并列的一种特殊商品。

生息资本是形成它的信用制度的基础。当生产资料不再转化为资本时，信用本身不会再有什么意义。但只要存在生息资本，就不可能存在无息信贷这种怪物。不能把生息资本理解为真正的资本形式，这是对资本主义生产方式内部结构的错误认识。

第三节 对马克思信用理论的不同见解

一、关于信用和金融理论的不同见解

当前，我们较少使用信用概念，而主要使用金融概念。金融概念在中央文件、政府工作报告、报刊媒体等各种场合被广泛引用。信用理论和金融理论之间既有联系又有区别。

（1）从定义上讲两者不同。信用是借贷行为，是以偿还为条件的价值的特殊运动。金融是指资金融通行为。资金融通不仅仅包括资金借贷关系，货币流通也是资金融通的重要组成部分。因此，就信用概念而言，信用的概念外延要小于金融。金融不仅包括信用，还包括货币流通。

（2）就历史发展而言，信用是在货币职能基础上发展起来的，金融则是将两者的范畴结合起来。货币有五种职能，当货币执行支付手段职能时，买卖双方的关系就转变为债权债务关系，于是，就出现了信用范畴。因此，信用是在货币职能基础上发展起来的。货币是信用关系发展的基础。这种发展

在前资本主义时期就已经出现了。马克思指出，高利贷资本是资本洪水期前的形式。在资本主义社会，高利贷资本被借贷资本取代，借贷资本是以职能资本家为借贷对象，利息只是平均利润的一部分，于是，资本主义信用关系得到充分发展。在资本主义社会，货币流通和信用关系充分发展，两者逐渐融合。在马克思所处的时代，贵金属在流通中充当货币的作用。但是，现在世界各国都已经放弃了金本位制。随着银行制度的发展，当前的货币都是信用货币。同时，在银行存款业务基础上，形成了既不用铸币也不用银行券的转账结算体系和在这个体系中流通的存款货币，该存款货币主要用于结清大额交易。因此，当前信用制度和货币制度已经相互融合，双方的界限不断模糊。因此，正是在信用制度和货币制度相互融合、充分发展的基础上，才形成了金融范畴。金融是资金的融通，这种资金融通是货币流通和信用流通的有机结合。

（3）就信用形式而言，马克思重点研究了商业信用和银行信用。就金融而言，它所包含的信用形式有商业信用、银行信用、国家信用和个人信用。就工具而言，信用工具主要是以各种票据形式表现出来，金融工具除了以票据形式表现出来，各种金融衍生产品更多的是以合约的形式表现出来。因此，金融工具比信用工具包括的外延更加广泛。

因此，金融范畴是包括信用范畴在内的揭示资本主义社会条件下货币运动规律的范畴。它揭示了资本主义社会信用和货币流通运动逐渐融合的趋势。但是，不管这种融合有多么明显，信用范畴仍然具有独立的意义。将信用流通与货币流通区分开来，有利于揭示信用的实质是生息资本，有利于揭示生息资本为资本主义生产服务的本质，有利于把握利率的决定，有利于区分生息资本运动规律和货币流通规律，从而为我们更加深入地理解资本主义社会资金运动规律和生息资本运动规律提供理论依据。否则，如果一味地强调金融范畴，就容易导致人们混淆银行利润的来源，混淆金融的本质，误解金融与实体经济的关系定位。

二、关于货币资本和现实资本关系的争论

对于两者的关系，一种观点认为货币资本要服从于现实资本的运动，为现实资本运动服务。另一种观点则认为，货币资本没有也不可能服从现实资本的运动，它有自己的独特运动规律，应遵循货币资本的独特运动规律来处理两者的关系。

在信用理论中，马克思重点阐述以生息资本形态存在的货币资本和以生产资本和商品资本形态存在的现实资本之间的关系。马克思指出，货币资本积累在一定程度上标志着现实资本的积累，同时，两者的运动方向又不是完全一致的，借贷资本积累和现实资本积累可以按照相反的方向发展。这对于我们理解现实经济中的货币资本和现实资本的运动具有重要的启示。

（1）货币资本运动必须为实体经济服务。第一，就货币而言，货币自身是从商品交换产生的，没有商品交换，就没有货币。货币的本质就说明货币是为实体经济服务的。从货币承担流通手段职能看，商品流通决定货币流通，商品流通的量、速度从根本上决定了货币流通的规模和速度。第二，就货币资本而言，货币之所以承担资本的职能，是因为它是为资本增殖服务的，为生产和实现剩余价值服务的。因此，货币资本是产业资本的有机组成部分。这也决定了货币资本必须为产业资本的运动服务。第三，就借贷资本而言，不论是商业信用还是银行信用，都是为职能资本融资、实现剩余价值服务的。正是在提供服务的过程中，借贷资本才获得利息，利息的本质是平均利润的一部分。因此，货币资本必须为实体经济服务。

（2）必须明确货币资本有其独特的运动规律。当货币从商品世界独立出来后，就已经开始其独特的运行。当货币充当流通手段时，货币流通量与货币流通速度息息相关。同样的商品价值量，当货币流通速度不同时，货币流通量就不同。而货币流通速度的快慢与不同国家的货币制度有密切的关系。当货币由纸币充当时，当纸币发行量过多，超过流通中所需要的货币量时，就会引起通货膨胀，反之，就会引起通货紧缩。在资本主义社会，货币资本

的运动规律就更加复杂：一是货币在多大程度上充当支付手段，直接影响着货币流通量的发行。一定时期商品流通所需要货币量=（待售商品价格总额-赊销商品价格总额+到期支付商品价格总额-相互抵消商品价格总额）/同名货币的流通次数。二是货币表现为信用货币，因此，利率、汇率的高低直接影响着货币资本的使用。利率作为平均利润率的一部分，其高低影响着平均利润在产业资本和借贷资本之间的分割。利率的变动则取决于借贷资本的供求关系。三是信用制度的发展促进了股票、国债等资本市场的发展，股票、国债等资本市场的运行有其自身的规律。四是信用制度在资本主义社会具有二重性，一方面促进了资本主义社会化大生产的发展，另一方面则造成了货币资本大量集中，从而极易引发投机，从而造成信用危机，进而导致经济危机。

因此，货币资本既受现实资本运动规律的制约，同时，它又有自己独特的运动特征。必须将这两方面有机结合起来，才能完整理解货币资本的运动规律。单独强调任何一方面都难以完整理解货币资本的运动规律。

三、关于股份制企业性质的争论

在《资本论》中，马克思指出股份制的发展是对私人资本的一种扬弃，是向联合生产的过渡。不同学者对如何看待我国股份制企业性质提出了不同观点。

第一种观点认为股份制企业是新公有制企业。这种观点认为，中国在由计划经济体制转轨到市场经济体制的过程中，国有资产重组是必不可少的一个环节，它的含义是把传统的公有制改造为新公有制。国有企业通过资产重组，大体上有以下五种结果：一是国有企业经过改制，成为政企分开的国有独资公司；二是国有企业经过改制并出让一部分股权给民营企业或外资企业，成为混合所有制企业；三是国有企业经过改制，成为上市公司，吸收民间资本加入，这仍然是混合所有制企业；四是国有企业转让给职工，成为职工持股的公众所有制企业；五是国有企业转让给已改制为公众持股的股份公司的民营企业。这五种结果中的任何一种，都意味着新公有制的建立。所以说，中国并非实行私有化，而是正在新公有化。①

第二种观点认为股份制既是一种财产组织形式，又是一种兼有公、私两重属性的产权形式。该观点认为现代产权制度演化的趋势是公有产权和私有产权日益走向融合，所采取的统一形式就是股份制。股份制企业兼具公有产权和私有产权二重属性，是对处在两极对立的所有制形式的扬弃。股份制企业具有一定的公有性。在以私有产权为基础的社会，通过股份制这种产权组织形式，私人资本在保留了其资产的内部可分性（资产分割并量化到个人）的同时，也取得了外部整体不可分的法人资本形式。同时，股份制企业也有一定的私有性。股份制企业并不直接等同于公有制企业。因为在股份制企业中，财产归个人或联合起来的个人所有，财产的所有者边界是严格清晰的，财产能够量化到个人，财产的收益是根据量化的产权进行分配的，也就是根据出资额的多少来决定收益的份额。因此，股份制是公私产权的融合或中介。

按照第一种观点，股份制就是公有制企业。这里的股份制，实际上是将民营企业引入国有企业形成的，或者直接将国有企业改制后形成的，因此，改制后的国有企业实际上有大量的民营企业成分、甚至就是民营企业控股。这种把民营企业为主导的股份制企业当作公有制的观点值得商榷。根据第二种观点，股份制是公私产权的融合或中介，它既具有公有性，又有私有性。这就误解了股份制企业的产权构成。实际上，股份制企业实行三权分离，即股东所有权、法人财产权和经营管理权三权分离。股东对于企业有所有权，这里的股东可以是国企，也可以是私企，也可以是自然人。但不论企业股本来自何种类型的企业，一旦进入股份制企业，就成为企业的法人财产，具有不可分性。不管是国企股东、私企股东还是个体股东，都无权不经股东大会批准，动用企业的法人财产。企业法人财产通过委托代理关系委托给经理层进行经营管理。因此，不论是所有权、财产权还是经营管理权，各个层次的权利和义务都是明晰的。不存在所谓的“公有产权和私有产权融合”的说法。

① 厉以宁：《论“新公有制”》，《领导决策信息》，2003 年 10 月第 38 期。

因此，要判断股份制是公有制还是私有制，首先要明确股份制是财产的一种组织形式，它本身没有姓资姓社的区别。其性质取决于股份制企业的控股权掌握在何种类型企业手上。当股份制企业的控股权掌握在国家或者集体手中时，它就是公有制企业。当股份制企业的控股权掌握在民营企业手中时，它就是私有制企业。

中共十八届三中全会指出，国有资本、集体资本、非公有资本等交叉持股、相互融合的混合所有制经济，是基本经济制度的重要实现形式，有利于国有资本放大功能、保值增值、提高竞争力，有利于各种所有制资本取长补短、相互促进、共同发展。允许更多国有经济和其他所有制经济发展成为混合所有制经济。国有资本投资项目允许非国有资本参股。允许混合所有制经济实行企业员工持股，形成资本所有者和劳动者利益共同体。因此，大力发展混合所有制企业是坚持和完善我国基本经济制度的重要途径。

第四节　马克思信用理论的现实意义

一、充分认识垄断资本主义社会金融资本的新作用

列宁在《帝国主义是资本主义的最高阶段》一书中，对垄断资本主义条件下银行业的新作用进行了深刻概括。列宁指出，在帝国主义条件下，银行业已经由借贷双方的中介人转变为了势力极大的垄断者。

在垄断资本主义条件下，银行业高度集中，少数几家大银行集中了大量货币资本。大银行通过参与小银行的资本、购买或交换股票、债务关系等途径联合、征服小银行，吸引它们加入大银行集团。随着资本的集中和银行周转额的增加，银行的作用从根本上改变了。第一，大银行通过往来账及其他金融业务控制整个资本主义社会的工商业业务，从而了解、监督、影响、最后完全决定企业的命运。第二，银行成为流通中介人。任何银行同时都是交

易所。这种交易所不是自由竞争条件下的交易所，而是自由竞争和垄断的混合产物。第三，银行同工商业特别是最大的工商业密切联系。这种联系通过人事结合表现出来，双方通过互相占有股票，通过互认对方的董事或者监事联系起来。列宁指出："我们考察了全部工业联系，结果发现那些为工业工作的金融机构具有包罗一切的性质。"①因此，20 世纪是旧资本主义到新资本主义，从一般资本统治到金融资本统治的转折点。

所谓金融资本，就是和工业家垄断同盟的资本融合起来的少数垄断性的最大银行的银行资本。正是由于生产的集中和银行业的集中，银行和工商业资本日益融合到一起形成金融资本。金融资本背后站的是金融寡头。列宁指出，金融寡头对国家的统治是"骇人听闻的"②。金融寡头通过各种手段来统治国家：通过"参与制"控制大量公司；在资产负债表上玩弄平衡把戏；通过创办企业、发行有价证券、办理公债获取高额垄断利润；房地产投机；控制政治。

列宁指出："资本主义的一般特性，就是资本的占有同资本在生产中的运用相分离，货币资本同工业资本或者说生产资本相分离，全靠货币资本的收入为生的食利者同企业家及一切直接参与运用资本的人相分离。帝国主义，或者说金融资本的统治，是资本主义的最高阶段，这时候，这种分离达到了极大的程度。金融资本对其他一切形式的资本的优势，意味着食利者和金融寡头占统治地位，意味着少数拥有金融'实力'的国家处于和其余一切国家不同的特殊地位。"③

因此，在资本主义社会中，"金融寡头给现代资产阶级社会中所有一切经济机构和政治机构罩上了一层依附关系的密网"④，金融在现代资本主义社会

① 列宁：《帝国主义是资本主义的最高阶段》，《列宁全集》第 27 卷，人民出版社 1990 年版，第 359 页。

② 列宁：《帝国主义是资本主义的最高阶段》，《列宁全集》第 27 卷，人民出版社 1990 年版，第 363 页。

③ 列宁：《帝国主义是资本主义的最高阶段》，《列宁全集》第 27 卷，人民出版社 1990 年版，第 374 页。

④ 列宁：《帝国主义是资本主义的最高阶段》，《列宁全集》第 27 卷，人民出版社 1990 年版，第 435 页。

中处于核心地位，这就是金融资本的新作用。我们要充分认识到金融资本的这种新作用，把握现代资产阶级社会的新变化，从中探索金融资本统治现代社会的特征、经验和教训，为推进我国金融发展和金融体制改革提供有益的借鉴。

二、正确处理好货币资本与现实资本的关系

经过近 40 年金融体制的改革开放，我国金融体系已经有了长足发展，其服务现实经济的能力不断增强。但从目前看来，我国金融体系仍然存在如下问题：一是利率、汇率尚未完全市场化。利率和汇率是由借贷资本的供求决定的，其尚未完全市场化，意味着利率、汇率难以真实、准确地反映借贷双方的资本需求。这是当前制约货币资本发挥充分作用的重要因素。二是直接融资滞后。企业融资有两种形式，一是通过向银行等金融机构借款，该种融资方式为间接融资，其次是通过资本市场进行直接融资。我国企业更多地是通过间接方式进行融资，而通过资本市场进行直接融资明显滞后。三是金融监管体系已经建立，但各领域监管的有效性和针对性还有待加强。

因此，未来要处理好货币资本与现实资本的关系：一是要深化利率与汇率市场化改革。利率市场化改革不仅仅意味着放开存款利率，而是意味着利率决定机制是由市场确定的，通过市场供求双方无数次的交易、竞争从而最终确定市场利率。同时，必须完善人民币汇率的市场化形成机制。要大力发展外汇市场，有序扩大人民币汇率的浮动空间，稳步推进人民币国际化。二是要大力发展资本市场。要大力发展多层次资本市场。在有效控制金融风险的前提下，建立不同层次的股票市场、债券市场，从而满足不同层次投资者对长期资本的需求。三是要加强监管体系建设。目前，我国的监管体制属于一行三会的分业监管体制，这种分业监管对于防范金融风险的传导起到重要作用。但现在国际上混业经营的趋势明显，我国国内金融机构也存在各种形式的混业经营，因此，在微观层面混业经营明显的态势下，宏观上也要考虑如何由分业经营转向综合监管，根据功能设置监管机构，加强监管协调，防

止监管套利。四是要努力发展普惠金融。目前，民间高利贷仍然存在，这与我国普惠金融发展滞后有关。未来，要大力发展普惠金融，支持服务地方的中小型金融机构发展，大力发展小额信贷，利用互联网金融降低小额贷款风险、减少信息不对称，从而为广大中低收入者提供有效的金融服务。

第四章　马克思的虚拟资本理论

马克思是在《资本论》第三卷中提出“虚拟资本”这个概念的。他研究了虚拟资本的特点，分析了虚拟资本和实体资本之间的关系，研究了虚拟资本的产生和发展所起的作用。这些研究，对于我们今天处理好虚拟经济和实体经济的关系具有重要的指导作用。

第一节　马克思虚拟资本理论的思想来源

马克思关于虚拟资本的研究，是在批判地继承亚当·斯密、李嘉图等古典政治经济学家的相关理论基础上形成的。

一、亚当·斯密关于银行资本、股份公司和公债的论述

斯密没有提出虚拟资本的概念。但是，斯密关于银行资本、股份公司和公债的论述，对于马克思形成虚拟资本理论具有借鉴作用。

1. 斯密关于银行资本的论述

斯密将资本分为固定资本和流动资本。流动资本“可以使用资本来生产、制造或购买货物，重新将其出售以取得利润”①。斯密指出，货币是流动资

---

① 亚当·斯密：《国富论》（上），华夏出版社 2001 年版，第 316 页。

本。用纸币代替金银货币，是用一种不那么昂贵而有时又同样方便的商业工具去代替一种非常昂贵的商业工具。银行资本的重要职能是发行银行券。斯密指出："当一国人民对于某个银行家的财产、正直和谨慎具有信心，相信他会随时兑现自己可能接到的他所发行的本票时，这些票据就会和金币银币一样流通，因为人们深信用它们可以随时兑换金银货币。"①

使用银行券的作用是：一是有利于节约流通中的货币，进而一国流通中的金银币就可以对外购买货物，从而推动本国消费。二是银行通过贴现汇票能够增加银行券发行量。银行家发行本票，主要是通过贴现汇票，即在汇票到期前先垫支货币。通过贴现可以增加它的本票发行量，因此，银行家能够从较大数量的发行额获得利息纯收益。三是银行通过开设现金账户来发行本票。当商人在银行开设现金账户时，银行给予客户贷款，客户可以陆续偿还，因此，商人可以扩大交易规模。这相当于银行给商人垫支，因此，斯密指出："银行可以适当地向一个商人或任何一种经营者垫支的，不是他从事贸易的全部资本，甚至不是这种资本的大部分；而只是他不得不保持不用、作为应付不时之需的那一部分现款。"② 否则，银行自身有破产的风险。四是通过循环出票筹资。斯密举例指出，假定爱丁堡的商人 A 对伦敦的商人 B 开出一张汇票，要求付款若干，期限 2 个月。B 商人同意承兑 A 的汇票，条件是在汇票到期以前，他向 A 开出另一张汇票，数目相同，外加利息和佣金。因此，通过双方彼此对开汇票的方法，双方的资金需求就得到了满足。这种方法就是循环出票筹资法。由于银行在货币流通中起着重要作用，所以，斯密指出："银行业的最明智的运用之所以能增进国家的产业，不是由于它能增加国家的资本，而是由于它能将大部分资本变成积极的和生产性的资本。"③

斯密指出，银行在发挥自身作用时，要注意保留两项特殊的开支：一是在自己的金柜经常保持大量的货币，以应付自己发行的银行券的持有人随时提出的兑现请求，它损失的是这笔钱的利息；二是应付兑现的金柜一旦变空，

① 斯密：《国富论》（上），华夏出版社 2001 年版，第 331 页。
② 斯密：《国富论》（上），华夏出版社 2001 年版，第 343 页。
③ 斯密：《国富论》（上），华夏出版社 2001 年版，第 360 页。

要立即予以补充。发行纸币过多的银行应增加第一种开支。如果不注意保留，则银行容易遭受恶意挤兑，进而引发危机。

2. 斯密关于股份公司的论述

股份公司作为企业组织方式，与其他企业组织方式是不同的。斯密指出：“由皇家特许状或由议会法律设立的股份公司，在几个方面，不仅与受管制公司不同，而且与私人合伙不同。”① 这种不同表现在两个方面：一是在私人合伙企业，合伙人不经过公司同意，不得将自己的股份转让给他人，或向公司引进新成员。反之，在股份公司，成员不能要求公司归还他的份额；但每个成员不必经其他人同意，就可以将自己的份额转让给他人，从而引进一个新成员。二是在私人合伙企业，每个合伙人对公司缔结的债务以自己的全部财产负责。反之，在股份公司，每个股东只在自己股份的范围内对公司债务负责。股份公司的股票价值“总是等于它在市场上出售的价格，这比它的所有人最初缴纳的公司股本数额多一些或少一些，比例不定”②。

股份公司的业务总是由董事会管理。斯密指出，“这种公司的董事们，所经理的是他人的钱而不是自己的钱，不能期望他们像私人合伙的合伙人对自己的钱那样，兢兢业业地去管理……由于这个缘故，股份公司在对外贸易中很难与私人冒险者竞争。因此，没有专营特权它们就很难成功；在有这种特权时，也常常并不成功。没有专营特权时，它们普遍经营不善；有了专营特权，它们既经营不善，又使贸易受到限制”③。因此，斯密指出“当一家商人公司自己冒险和出钱来建立一种与某个遥远和野蛮国家的新贸易时，将其组成股份公司，并且当他们成功时，在若干年内，赋予对这种贸易的垄断权，可能并非不合理的。这是国家报偿他们从事一种危险而费钱的实验的最容易、最自然的方式，国家以后会从这种实验得到好处……但在期限届满以后，垄断权肯定应当终止……永久性的垄断权使国内其他人民依两种方式被课征一种非常荒谬的赋税：①货物价格高昂，在自由贸易下，他们会以较廉的价格购得；②自己完全被排除在

① 斯密：《国富论》（下），华夏出版社2001年版，第808页。

② 斯密：《国富论》（下），华夏出版社2001年版，第808-809页。

③ 斯密：《国富论》（下），华夏出版社2001年版，第809-810页。

一种营业部门以外，他们本来是可以方便地有利地从事这种营业的。他们被这样课税，也只是为了一个最没有价值的目的。这只是使公司能支持自己雇员的疏忽、浪费和贪污，他们的胡乱行为使公司的股息不能超过完全自由贸易的普通利润率，常常使股息甚至落到这种普通利润率之下"①。

斯密指出，不是所有的行业都适合由股份公司经营，"能由股份公司成功经营并不需具有专营特权的惟一行业，是业务能归结为例行公事或方法一律、很少或没有改变的行业"。② 斯密列举了 4 个行业：银行业，水灾、火灾、兵灾保险业，建设和维持通航河道或运河的行业，大城市供水行业。之所以这 4 个行业适合由股份公司经营，是因为它们满足两个条件："第一，那种事业比大部分的普通行业有更大的更一般的效用。第二，它需要有比私人合伙容易筹集的数额更大的资本。如果中等的资本就足够用，那么这种事业的巨大效用就不成为设立股份公司的充足理由，因为，在这种场合，对于它所要生产的东西的需求，很容易由私人冒险者去供给。"③

3. 斯密关于公债的论述

斯密指出，由于君主在平时缺乏节约，因此在战时就必须举借公债。政府一旦能够方便地借到债务，那么，它就会放弃自己节省的职责，从而使借债成为常态。斯密指出，国家借债的主要渠道是两种，"在开始时一般凭可以称作的个人信用借款，不指定或抵押任何特殊资源来偿还债务；当这种办法借不到钱时，他们进而靠指定或抵押特种资源来借款"。④ 在抵押借款时，如果抵押时资源被认为足以在限定时间内支付借款的本息，则该种筹款方法称为预支法；当资源被认为仅足以支付利息，或与利息相等的永久年金，则该种筹款方法称为永久付息法。除了这两种借债方法，还有定期年金借款法和终身年金借款法。

政府为还债，会设立偿债基金。偿债基金是一种补助基金，它虽是为偿

① 斯密：《国富论》（下），华夏出版社 2001 年版，第 822-823 页。
② 斯密：《国富论》（下），华夏出版社 2001 年版，第 824 页。
③ 斯密：《国富论》（下），华夏出版社 2001 年版，第 825 页。
④ 斯密：《国富论》（下），华夏出版社 2001 年版，第 991 页。

还旧债设立的，但却非常有利于举借新债。斯密指出，偿债基金常被滥用。“公债积累得越多，就越有必要去研究如何减少债务，挪用偿债基金的任何部分就变得越危险，越具毁灭性；而公债越不可能在很大程度上减少，就越有可能、越加肯定会挪用偿债基金来应付和平时期发生的特别开支。”①

大规模举借公债会带来很多不利的后果。第一，斯密指出，他不赞同公债是加在国家其他资本之上的一笔巨大资本积累的观点。因为，“最初的债权人贷予政府的资本，从贷予的那一刻起，已从起资本作用的一部分年产物变为起税收作用的一部分年产物，从维持生产性劳动者变为维持非生产性劳动者，一般是在一年之中花光和浪费了，甚至没有在未来得到再生产的希望”②。“此外，债务一经增加，它所造成的赋税的增多有时即使在平时也损害人民的积累能力。”③ 第二，大规模举债会引起破产。斯密指出，“当国债一旦积累到一定程度时，我相信很少有它能得到公正的和彻底地清偿的实例。公共收入的解放如果还有实现的可能，那也总是由破产去造成的”④。

要解决债务问题：第一，提高铸币面额是最常采用的手段，将实际的国家破产用伪装支付的表象掩盖起来。这种方法没有给国家带来任何好处，而是把灾难推广到很大数量的其他无辜人民身上。它使私人财产受到毁灭，使债务人依靠牺牲债权人致富，将国家资本转移到可能会浪费和毁灭它的人手里。第二，采用铸币掺假的方法来还债，这是阴险欺诈的违反正义的行为。第三，大幅度增加国家收入，或是大幅度减少国家支出。第四，进行税制改革。

二、李嘉图关于银行资本和公债的论述

李嘉图没有提出虚拟资本的相关概念。但是，他对于银行资本和公债进行了分析。

---

① 斯密：《国富论》（下），华夏出版社 2001 年版，第 1002 页。
② 斯密：《国富论》（下），华夏出版社 2001 年版，第 1007 页。
③ 斯密：《国富论》（下），华夏出版社 2001 年版，第 1009 页。
④ 斯密：《国富论》（下），华夏出版社 2001 年版，第 1012 页。

李嘉图深刻描述了银行机构的作用，他指出："对一个经常给半数的毛纺织业者以低于市场价格提供羊毛的机构，我们会说什么呢？它对社会有何益处呢？它不能拓展我们的行业，因为如何按市场价格收费，羊毛同样会被人买走。它不会使消费者的买布价格降低，因为我前面说过，价格决定于处在最不利条件下的那些人的生产成本。它惟一的作用就是加大部分毛纺织业者的利润，使其超过一般普通利润。一部分行业丧失了平均利润，而社会的另一部分行业却从中受益。确切地讲，这就是我们银行机构的作用。"① 商人是否向银行申请贷款，不是由银行贷款的利率决定，而是由投入资本所获的利润率来决定的。向银行申请贷款取决于这笔贷款所产生的利润率与银行贷款时索取的利率之间的比较。如果银行贷款利率低于市场利率，那么，无论有多少货币都能够借得出去；如果贷款利率高于市场利率，则只有挥霍浪费之徒才会向银行借钱。

对于公债，李嘉图指出，"积欠巨额债务的国家处于极不正常的状态。就对外国的关系来说，除了支付税款不可避免的弊端以外，各种税的税额及劳动价格的上涨可能不会，我想也不会有其他弊端。但是每个纳税人都想逃避责任，把纳税负担从自己身上转嫁给他人。于是，把自己和其资本转移到能免除这种负担的国家的诱惑最终会变得难以抗拒"②。

对于偿债基金，李嘉图指出，"如果偿债基金不是从公共收入超过公共支出的部分中取得的，它就不能有效地达到减轻债务的目的。令人遗憾的是我国的偿债资本只是徒有虚名罢了，因为我们的收入没有超过支出。我们应通过节约使它名副其实地成为偿付债务的实际有效基金。将来如果战争爆发而我们没有极大地减轻债务，下面两种情况中就会有一种情况发生：一是全部战争费用必须靠逐年征税来支付；二是战争结束之后（即使不是在战争结束之前），我们也会陷于国家破产的境地"③。

总之，斯密和李嘉图关于银行资本、股份公司和国债提出了很多极具建设性的看法，对于推动马克思虚拟资本研究起到了重要作用。但是，两者的

① 李嘉图：《政治经济学及赋税原理》，华夏出版社 2005 年版，第 257 页。
② 李嘉图：《政治经济学及赋税原理》，华夏出版社 2005 年版，第 174 页。
③ 李嘉图：《政治经济学及赋税原理》，华夏出版社 2005 年版，第 174-175 页。

研究存在以下不足：

（1）斯密对于银行资本性质的界定值得商榷。斯密将银行资本界定为流动资本。而根据马克思的定义，固定资本和流动资本都属于产业资本，产业资本的本质特征是生产剩余价值。固定资本和流动资本是根据生产资本在价值周转方式中所起的不同作用来分类的。银行资本不属于产业资本，它的本质特征在于通过提供借贷资本来分割剩余价值。

（2）斯密对于股份公司的作用的看法值得商榷。斯密所处的时代，股份公司向社会融资受到政府的严格限制，因此，斯密认为股份公司只适用于 4 个行业，但股份公司作为公司资本的组织形式，普遍适用于所有行业。同时，斯密认为股份公司由于存在专营特许导致经营不善。当前的情况表明，股份公司经营绩效好坏不是取决于特许经营权，而是取决于公司经营管理水平。

（3）斯密和李嘉图关于公债作用的看法值得商榷。不论是斯密和李嘉图，都对国家大规模借债持否定态度。但是，政府大规模借债的利弊分析，是一个很复杂的问题。首先，何为政府大规模借债，斯密和李嘉图都缺乏清晰的数量界定。其次，政府大规模借债的合理与否，还与借债的用途有密切的关系。如果政府将借债的资金大量用于投资，用于解决市场失灵问题，则可能最终的结果是推动经济增长。因此，应根据不同国家的不同经济状况对公债作用进行客观分析，而不应直接对大规模借债予以否定。

第二节　马克思虚拟资本理论的主要内容

马克思关于虚拟资本的理论要点如下：

一、虚拟资本的形成

虚拟资本范畴是在信用制度产生和发展的基础上出现的。随着借贷关系的发展，特别是利息这个经济范畴在资本主义经济生活的普遍化，一切可以获得的固定收入，都被看作是一定数额的资本带来的利息，于是出现了虚拟资本这个范畴。

虚拟资本是与现实资本相区别的想象中的资本，是以有价证券形式存在并能给持有者带来一定收入的资本。它的特点是：第一，资本化定价。资本化定价，就是采用预期收入折现的方式定价。预期收入和利率是决定其价格的两个重要因素。例如，马克思指出，“在年收入＝100 镑，利息率＝5%时，100 镑就是 2000 镑的年利息，这 2000 镑现在就被看成是每年取得 100 镑的法定所有权证书的资本价值。对这个所有权证书的买者来说，这 100 镑年收入实际代表他所投资本的 5%的利息”①。第二，它是以整个信用体系为依托的。通过信用体系的货币创造过程派生或制造出虚拟资本。

二、虚拟资本的形式

虚拟资本有 3 种存在形式：

1. 股票

股票是股份公司发给股东的入股凭证，是股东借以取得股息的一种有价证券。它代表股份公司现实资本的相应部分，是现实资本的“纸制复本”。马克思指出：“公用事业、铁路、矿山等等的所有权证书……事实上是现实资本的证书。但有了这种证书，并不能去支配这个资本。这个资本是不能提取的。有了这种证书，只是在法律上有权索取这个资本应该获得的一部分剩余价值。但是，这种证书也就成为现实资本的纸制复本，正如提货单在货物之外，和货物同时具有价值一样。”②

股份公司是指通过发行股票，把分散的资本集中起来经营的一种企业组织形式。单个资本数量上的有限性与创办大型企业所需巨额资本之间的矛盾导致股份公司的成立。马克思指出：“在资本主义生产的基础上，历时较长范

① 《马克思恩格斯文集》第 7 卷，人民出版社 2009 年版，第 529 页。

② 《马克思恩格斯文集》第 7 卷，人民出版社 2009 年版，第 540 页。

围较广的事业，要求为较长的时间预付较大量的货币资本。所以，这一类领域里的生产取决于单个资本家拥有的货币资本的界限。这个限制被信用制度和与此相联的联合经营（例如股份公司）打破了。”① 股份公司的出现引起了一系列变化。

（1）企业生产规模惊人地扩大，个别资本不可能建立的企业出现了。马克思指出：“假如必须等待积累使某些单个资本增长到能够修建铁路的程度，那么恐怕直到今天世界上还没有铁路。但是，集中通过股份公司转瞬之间就把这件事完成了。”②

（2）个别资本取得了社会资本的形式。马克思指出：“那种本身建立在社会生产方式的基础上并以生产资料和劳动力的社会集中为前提的资本，在这里直接取得了社会资本（即那些直接联合起来的个人的资本）的形式，而与私人资本相对立，并且它的企业也表现为社会企业，而与私人企业相对立。这是作为私人财产的资本在资本主义生产方式本身范围内的扬弃。”③

（3）资本出现了两权分离。实际执行职能的资本家转化为单纯的经理，别人的资本的管理人，而资本所有者则转化为单纯的所有者，单纯的货币资本家。马克思指出：“在股份公司内，职能已经同资本所有权相分离，因而劳动也已经完全同生产资料的所有权和剩余劳动的所有权相分离。资本主义生产极度发展的这个结果，是资本再转化为生产者的财产所必需的过渡点，不过这种财产不再是各个互相分离的生产者的私有财产，而是联合起来的生产者的财产，即直接的社会财产。另一方面，这是再生产过程中所有那些直到今天还和资本所有权结合在一起的职能转化为联合起来的生产者的单纯职能，转化为社会职能的过渡点。”④

（4）股份制度是在资本主义体系本身的基础上对资本主义私人产业的扬弃。马克思指出：“资本主义的股份企业，也和合作工厂一样，应当被看作是

① 《马克思恩格斯文集》第6卷，人民出版社2009年版，第396页。
② 《马克思恩格斯文集》第5卷，人民出版社2009年版，第724页。
③ 《马克思恩格斯文集》第7卷，人民出版社2009年版，第494-495页。
④ 《马克思恩格斯文集》第7卷，人民出版社2009年版，第495页。

由资本主义生产方式转化为联合的生产方式的过渡形式，只不过在前者那里，对立是消极地扬弃的，而在后者那里，对立是积极地扬弃的。”① 这种扬弃是“一个自行扬弃的矛盾，这个矛盾明显地表现为通向一种新的生产方式的单纯过渡点”②。

（5）股份公司的出现也带来了一系列负面影响。“它在一定部门中造成了垄断，因而引起国家的干涉。它再生产出了一种新的金融贵族，一种新的寄生虫，——发起人、创业人和徒有其名的董事；并在创立公司、发行股票和进行股票交易方面再生产出了一整套投机和欺诈活动。这是一种没有私有财产控制的私人生产。”③

2. 国债

国债是资本主义国家发行的公共债券。它是债券人因购买国债而得到的书面凭证，债权人可以此凭证从国家得到利息。国家发行公债得到的收入，不是作为资本支出，而是作为政务开支用掉了。利息也不是现实资本带来的利润的一部分，而是从各种税收中支付的。所以，国债是消灭掉的资本的“纸制复本”。马克思指出：“连债务积累也能表现为资本积累这一事实，清楚地表明那种在信用制度中发生的颠倒现象已经达到完成的地步。这些为原来借入的并且早已用掉的资本而发行的债券，这些代表已经消灭的资本的纸制复本，在它们是可卖商品，因而可以再转化为资本的情况下，对它们的占有者来说，就作为资本执行职能。”④

3. 票据

这里的票据主要有两种，一种是商业票据。商业票据的主要形式是商业汇票。商业汇票可以通过背书的方式多次流转，从而制造出虚拟资本。例如，马克思在分析东印度贸易时，曾指出“人们已经不再是因为购买了商品而签发汇票，而是为了能够签发可以贴现、可以换成现钱的汇票而购买商品”⑤。

---

① 《马克思恩格斯文集》第7卷，人民出版社2009年版，第499页。
② 《马克思恩格斯文集》第7卷，人民出版社2009年版，第497页。
③ 《马克思恩格斯文集》第7卷，人民出版社2009年版，第497页。
④ 《马克思恩格斯文集》第7卷，人民出版社2009年版，第540页。
⑤ 《马克思恩格斯文集》第7卷，人民出版社2009年版，第461页。

另一种是银行票据。如在现代社会中，商业汇票已经逐渐被银行汇票代替。银行发行的纸币，即银行券，“无非是向银行家签发的、持票人随时可以兑现的、由银行家用来代替私人汇票的一种汇票”。① 通过票据流通，金融体系可以制造出比原有资本大得多的资本。

三、虚拟资本与现实资本的关系

虚拟资本与现实资本既有联系，又有区别：

就联系而言，第一，虚拟资本积累表示现实再生产过程的扩大。例如，企业通过发行股票的方式筹集资本，企业在融资后就会把资本投入扩大再生产。这时，企业股票融资规模越大，就表示现实再生产过程也在扩大。第二，虚拟资本采取生息资本的形式，它所获得的利息占利润的相当大一部分。马克思指出：“全部信用，都被他们当作自己的私有资本来利用。这些人总是以货币的形式或对货币的直接索取权的形式占有资本和收入。这类人的财产的积累，可以按极不同于现实积累的方向进行，但是无论如何都证明，他们攫取了现实积累的很大一部分。”②

但是，虚拟资本和现实资本之间又存在相当大的差别。这表现在：第一，股票价格的波动与现实资本的波动没有直接关系。马克思指出：“作为纸制复本，这些证券只是幻想的，它们的价值额的涨落，和它们有权代表的现实资本的价值变动完全无关，尽管它们可以作为商品来买卖，因而可以作为资本价值来流通。”③ 第二，虚拟资本的运动具有很强的投机性。马克思指出，“由这种所有权证书的价格波动而造成的盈亏，以及这种证书在铁路大王等人手里的集中，就其本质来说，越来越成为赌博的结果。赌博已经取代劳动，表现为夺取资本财产的本来的方法，并且也取代了直接的暴力。”④

① 《马克思恩格斯文集》第7卷，人民出版社2009年版，第454页。
② 《马克思恩格斯文集》第7卷，人民出版社2009年版，第541-542页。
③ 《马克思恩格斯文集》第7卷，人民出版社2009年版，第541页。
④ 《马克思恩格斯文集》第7卷，人民出版社2009年版，第541页。

第三节　对马克思虚拟资本理论的不同见解

1998年，学者刘骏民发表专著《从虚拟资本到虚拟经济》，从那时起，国内学者围绕虚拟经济就展开了争论。争论的主要内容是：

一、关于虚拟经济定义的不同见解

目前，虚拟经济的概念有三种代表性的观点。第一种观点认为虚拟经济是指与虚拟资本以金融系统为主要依托的循环运动有关的经济活动，货币资本不经过实体经济循环就可以取得盈利。简单地说，就是直接以钱生钱的活动。第二种观点认为虚拟经济是以资本化定价行为为基础的价格系统，其运行的基本特征是具有内在的波动性。第三种观点认为虚拟经济就是金融。

第一种观点包含两层含义：①虚拟经济的主体是生息资本；②生息资本是直接盈利的，也就是直接以钱生钱。钱生钱，就是 G-G’，也就是获得利息。

第二种观点认为虚拟经济是以资本化定价行为为基础的价格系统。资本化定价，就是采用预期收入折现的方式定价。至于什么样的价格系统是以资本化定价行为为基础的，有两种不同的理解。第一种含义认为虚拟经济的研究范畴不但包括金融，还包括房地产、无形资产、某些高技术产品和信息产品以及其他可能长期或短期进入这种特殊运行方式的有形产品和劳务。第二种含义认为虚拟经济是以资产为对象的研究。这里研究的是金融投资行为。①分析第一种含义，可以发现存在两个问题：第一，虚拟经济的研究范围包括金融。这里的金融是指以资本化定价行为为基础的金融资产。不是所有的金

① 刘骏民：《虚拟经济的理论框架及其命题》，《虚拟经济理论与实践——第二届全国虚拟经济研讨会论文选》，南开大学出版社2003年版。

融资产都以资本化定价为基础的。金融资产中的股票、债券以及期货、期权等金融衍生品是采用资本化定价的形式，但是，作为银行资产中最重要部分的银行贷款，却不是采用资本化定价的方式。从马克思的生息资本理论可知，银行给企业贷款时，不是采用资本化思路定价的，银行贷款给企业所获得的利息是平均利润的一部分。因此，从资本化定价思路出发，虚拟经济研究范围不是包括全部金融，仅仅是包括金融的一部分。或者，反过来说，不是虚拟经济包括金融，而是金融包括虚拟经济。第二，房地产定价不是以资本化定价为基础，这是因为房地产行业在确定房屋价格时，主要是根据价值规律从成本出发进行定价的。无形资产定价遵循资本化定价的原则。但是，无形资产的重要特点是其不能脱离有形资产而独立存在，它从本质上不是一种独立的资产形态，其定价是以有形资产价格为依托的。信息产品，如计算机，其定价不可能以资本化定价为基础。至于劳务，如劳务输出，其定价主要不是遵循资本化定价的原则。可见，从资本化定价思路出发，只有金融中的有价证券最符合资本化定价原则，而房地产、某些高技术产品、信息产品和劳务，主要不是遵循资本化定价的原则。

虚拟经济概念的这两种观点是从不同角度对虚拟经济进行定义的。第一种是从生息资本的职能角度对虚拟经济进行定义的，第二种是从资本化定价这个角度对虚拟经济进行定义的。但不论怎么定义，金融总是构成虚拟经济的最主要组成部分。这两种定义可以理解为从两种不同的角度理解金融。可见，虚拟经济这个核心概念从根本上并没有突破金融范畴。正如第三种观点指出的，“无论如何定义虚拟经济，金融总是构成其最主要的组成部分。而且，看起来，我们似乎还没有发现其他重要的虚拟经济形态。果真如此的话，索性将虚拟经济等同于金融，可能更有利于问题的研究”。①

① 李扬：《虚拟经济四题》，《虚拟经济理论与实践——第二届全国虚拟经济研讨会论文选》，南开大学出版社2003年版。

二、关于虚拟经济理论框架的不同见解

就虚拟经济的理论体系而言，目前主要研究两个方面的内容：一是研究虚拟经济自身运行特点和运行规律；二是研究虚拟经济与其他经济理论的关系。

在研究虚拟经济自身运行特点和运行规律时，成思危提出虚拟经济有五个发展阶段和五个特点。虚拟经济发展的五个阶段是闲置货币的资本化、生息资本的社会化、有价证券的市场化、金融市场的国际化和国际金融的集成化。虚拟经济的五个特点是复杂性、介稳性、高风险性、寄生性和周期性。这五个发展阶段，既可以理解为虚拟经济的五个发展阶段，实际上也是对金融发展历程的简要概述。同样，这五个特点，既是针对虚拟经济而言，也可以适用于金融。①

在研究虚拟经济与其他经济理论关系时，目前研究最多的是虚拟经济与实体经济的关系。在两者关系上，有两种代表性观点：一种观点认为实体经济是经济中的硬件，虚拟经济是经济中的软件，它们相互依存。② 第二种观点认为研究资产价格对经济的冲击，研究金融波动对整个经济的影响，就涉及虚拟经济与实体经济的关系问题。但总的看来，在虚拟经济与实体经济关系研究上，还有待于做更多的工作。③

第一种观点把虚拟经济和实体经济的关系比喻为计算机系统中的硬件和软件固然容易理解，但这种硬件和软件到底包含哪些部分以及这两者关系并未明确予以表述。第二种观点指出在虚拟经济和实体经济关系研究上有待于更多的工作，但从笔者的阐述看，研究虚拟经济和实体经济关系主要还是研

---

① 成思危：《虚拟经济探微》，《虚拟经济理论与实践——第二届全国虚拟经济研讨会论文选》，南开大学出版社 2003 年版。

② 成思危：《虚拟经济探微》，《虚拟经济理论与实践——第二届全国虚拟经济研讨会论文选》，南开大学出版社 2003 年版。

③ 刘骏民：《虚拟经济的理论框架及其命题》，《虚拟经济理论与实践——第二届全国虚拟经济研讨会论文选》，南开大学出版社 2003 年版。

究金融与实体经济的关系。因此，从目前看来，研究虚拟经济和实体经济的关系就是研究金融与经济发展的关系。

第四节　马克思虚拟资本理论的现实意义

当前虚拟资本发展存在以下特点：

第一，虚拟经济形式和规模不断扩大。马克思的虚拟资本理论主要是以股票和国债券为例说明虚拟资本发展的，当今世界，虚拟资本的形式在不断发展，出现了期货、期权、互换等虚拟程度更高的衍生品市场。所谓衍生品市场，是指其价值依赖于股票、债券、票据等原生性金融工具的金融产品。衍生工具在形式上均表现为一种合约。期货合约是交易双方按约定价格在未来某一期间完成特定资产交易行为的一种方式；期权合约是指期权的买方有权在约定的时间或约定的时期内，按照约定的价格买进或卖出一定数量的相关资产，也可以根据需要放弃行使这一权利。互换是指交易双方在合约有效期内，以事先确定的名义本金额为依据，按约定的支付率（利率、股票指数收益率等）相互交换支付的约定。衍生工具的交易实施保证金制度，在这种交易中的保证金是用于承诺履约的资金，少量的保证金就可以撬动大量的资本。这就极大地促进了衍生品市场交易的规模。据估计，当前全球衍生品交易金额每年在六七百万亿美元，其规模远远超过了全球 GDP 总额。

第二，市场交易主体不断增多。随着虚拟经济规模不断扩大，交易品种不断丰富，市场交易主体也在不断扩大。除了传统的存款货币银行，又出现了非银行金融机构。投资银行、对冲基金、保险公司等非银行金融机构，其主要资金来源依靠发行股票和债券来收集，在金融市场上起着越来越重要的作用。随着市场交易主体不断增多，金融机构之间的兼并重组也越来越多，规模也越来越大。

第三，金融资本成为势力极大的垄断者。马克思所处的时代，虚拟资本是产业资本交易的中介者，现在，虚拟资本已经发展成为垄断虚拟资本。垄断虚拟资本通过参与制来控制产业资本家，即大银行控制着总公司，总公司控制着下属公司，通过这种层层控制的关系，银行控制着规模庞大的产业部门。垄断虚拟资本，就是与工业家垄断同盟融合起来的少数垄断性的最大金融机构的金融资本。垄断虚拟资本脱胎于虚拟资本，但是比虚拟资本对经济的影响力更大。

当前虚拟资本发展具有如下作用：

（1）虚拟资本的核心作用是制造资本。虚拟资本是通过整个金融体系派生或创造出来的。可以举个例子说明这个问题。假设最初存入银行的资本为5000，法定准备率为10%，通过银行的货币创造过程，存款总额变为50000，则多出来的45000就是在原来5000的资本基础上派生出来的资本，即虚拟资本。① 在《资本论》第三卷中，马克思指出，“随着生息资本和信用制度的发展，一切资本好像都会增加一倍，有时甚至增加两倍，因为有各种方式使同一资本，甚至同一债权在各种不同的人手里以各种不同的形式出现”②。马克思多次举例说明这种资本创造。他指出：“存款只是公众给予银行家的贷款的特殊名称。同一些货币可以充当不知多少次存款的工具。”③ 他又指出，“正如在这种信用制度下一切东西都会增加一倍和两倍，以至变为纯粹幻想的怪物一样，人们以为终究可以从里面抓到一点实在东西的‘准备金’也是如此”④。恩格斯指出，“在最近几年，资本这种增加一倍和两倍的现象，例如，已由金融信托公司大大发展了”⑤。可见，虚拟资本是通过整个金融体系的货币创造过程制造出来的。虚拟资本是派生化的资本，或者说是制造出来的资本，这就提醒我们要注意辩证看待金融体系的这种作用。既要充分发挥金融体系的这种制造功能，为生产提供充足的资本，同时又要注意避免所制造的资本过度，防止出现资本过剩的现象。

① 这里假设不考虑货币创造过程的漏出效应。

② 《马克思恩格斯文集》第7卷，人民出版社2009年版，第533页。

③ 《马克思恩格斯文集》第7卷，人民出版社2009年版，第535页。

④ 《马克思恩格斯文集》第7卷，人民出版社2009年版，第535页。

⑤ 《马克思恩格斯文集》第7卷，人民出版社2009年版，第533页。

（2）虚拟资本的概念为我们客观评价股票、债券等有价证券在现代市场经济中的作用提供了基础。马克思认为股票、债券等有价证券只是幻想的、想象的资本。这提醒我们要辩证看待有价证券在现代经济中所起的作用。一方面，股票等有价证券在现代经济中有重要作用。如股票市场的波动被称为“经济晴雨表”。另一方面，也要看到不管有价证券在经济中起多么重要的作用，但其本质只是幻想的，虚拟的资本，不能生产和实现剩余价值。因此，在处理实体资本和虚拟资本的关系时，要始终把实体资本、进而实体经济放在首位，是实体资本、实体经济决定虚拟资本和虚拟经济，而不是相反。近年来，我国实体经济尤其是工业型中小企业的发展面临着诸多挑战、压力和困惑：资源、能源的大量消耗导致成本上升，劳动力成本不断上升给企业经营带来了严峻挑战，部分中小企业融资困难。与之形成鲜明对比的是房地产价格偏高，虚拟经济收益与实体经济收益呈现鲜明反差。这种趋势如果蔓延下去，将会对我国经济造成严重的危害：中小企业破产会对我国的经济增长尤其是对就业问题产生严重的影响；资本转入民间借贷会引发非法集资、高利贷、债务危机等一系列问题，这将干扰我国金融市场运行，同时，高利贷也将进一步恶化融资环境，将中小企业逼上绝路；大量游资涌进房地产业会使我国房地产调控难度进一步加大，房价回归遥遥无期。因此，必须正确处理实体经济和虚拟经济的关系，牢牢把握发展实体经济这一坚实基础，牢固树立“实体经济是经济发展的根”的理念。没有实体经济的巩固和强大，虚拟经济的繁荣是畸形的。如果忽视了实体经济发展，导致出现产业空心化，就会极大地损害我国的竞争力。没有实体经济的发展，就没有中国经济的明天。为此，要通过科技进步提高劳动生产率，降低资源能源的消耗，加快经济发展方式的转变，使节能减排与改造提升传统产业有机地结合起来，这是促使实体经济走出困境、推进其健康发展的治本之策；减轻企业税负，切实降低企业负担；优化金融环境，加强和改进民间融资，稳定人民币汇率；建立实体经济和虚拟经济双向进入的机制，促使实体经济和虚拟经济的盈利水平保持合理的比例。

（3）辩证看待虚拟资本的两重作用，防范和化解金融风险。虚拟资本的发展是一把双刃剑。股票、国债等虚拟资本发展得好，有利于推动经济发展，但是，一旦发展不好，就会恶化矛盾，进而导致金融危机和经济危机。金融资本的特征是垄断。列宁指出，“在这一过程中，经济上的基本事实，就是资本主义的自由竞争为资本主义的垄断所代替。自由竞争是资本主义和一般商品生产的基本特性；垄断是自由竞争的直接对立面，但是我们眼看着自由竞争开始转化为垄断：自由竞争造成大生产，排挤小生产，又用更大的生产来代替大生产，使生产和资本的集中达到这样的程度，以致从中产生了并且还在产生着垄断，即卡特尔、辛迪加、托拉斯以及同它们相融合的十来家支配着几十亿资金的银行的资本。同时，从自由竞争中生长起来的垄断并不消除自由竞争，而是凌驾于这种竞争之上，与之并存，因而产生许多特别尖锐特别剧烈的矛盾、摩擦和冲突”。① 因此，在资本主义国家，金融危机进而经济危机的周期性发生是不可避免的。2008 年爆发的国际金融危机就是典型的证明。在我国，由于大银行等大金融机构由国家掌控，因此，国家可以有效地调节虚拟经济发展与实体经济发展之间的利益冲突，因此，我们可以避免金融危机的发生。但是，这并不代表着我们能够完全避免金融风险。当前，我们要深化金融体制改革，完善金融市场体系，落实金融监管改革措施和稳健标准，完善监管协调机制，界定中央和地方金融监管职责和风险处置责任，从而防范和化解金融风险。

① 列宁：《帝国主义是资本主义的最高阶段》，《列宁选集》第 2 卷，第 650 页。

第五章　马克思的地租理论

马克思是在《资本论》第三卷第六篇研究地租理论的。马克思揭示了地租的本质及其形式，分析了非农业地租和土地价格。这对于研究社会主义市场经济条件下的地租问题具有重要的指导意义。

第一节　马克思地租理论的思想来源

马克思的地租理论是在批判地继承斯密和李嘉图的地租理论基础上形成的。

一、斯密的地租理论

斯密认为，地租作为使用土地支付的价格，是一种垄断价格。它与地主为改良土地可能使用的资本不成比例，而同农场主的支付成比例。地租构成商品价格一部分的方式，是同工资和利润不同的。工资和利润的高低，是价格高低的原因，地租的高低，则是价格高低的结果。同时，斯密又认为工资、利润和地租是所有收入和所有交换价值的最初来源。斯密认为，在土地得到改良和耕种的国家，当对这些产品的需求所提供的价格，大到足以超过支付劳动和利润的时候，就会产生地租。

可见，斯密在地租的决定因素上是互相矛盾的。一方面认为价格高低决定地租，但另一方面又认为地租的高低决定商品价格。一方面认为地租是价格的组成部分，另一方面又认为地租是商品价格超过劳动和利润的余额。这就误解了地租的本质。不是商品价格决定地租高低，而是商品价值决定地租，决定商品价值的则是工人的剩余劳动。因此，如果仅从现象上来看待地租决定，就会得出如果价格低，就不会有地租的结论。这是违反地租决定的基本原理的。

斯密认为，不是所有土地产品都提供地租。人类食物能够为地主提供地租，但其他各种产物则有时能、有时不能提供地租。斯密举例认为，煤矿是否能够提供地租，部分地依存于它的丰富程度，部分地依存于它的位置。斯密又认为，即使煤矿能提供地租，这种地租在煤炭价格中所占的份额通常也比它在大多数其他土地天然产物中所占的份额小。实际上，不管一个土地上生产什么产品，只要租种地主的土地，就要提供地租。这种地租是绝对地租。但是，斯密却认为有的土地产品能提供地租、有的不能提供地租，这就把级差地租与绝对地租混淆了。土地有好坏之分，所以，同样的劳动所创造的地租有高低之分，这是级差地租，而不是绝对地租。斯密正是由于将级差地租和绝对地租相混淆，才导致其得出有的土地产物不能提供地租的结论。

斯密认为土地所有者阶级的利益同社会的一般利益是密切地、不可分割地联系在一起。当公众商讨有关商业和政治的规定时，土地所有人从促进本阶级的利益出发，是不可能起误导作用的。

可见，斯密对土地所有者阶级所起的作用持肯定态度，这就否定了阶级斗争。实际上，不同阶级从不同政治社会地位和阶级利益出发，对同一问题的立场是完全不同的。当商业和政治的规定与土地所有者阶级利益一致时，土地所有者阶级就会起来支持，反之，当商业和政治规定触犯土地所有者利益时，他们就会起来反抗。英国历史上关于《谷物法》的斗争就是典型的例证。

二、李嘉图关于地租的理论

李嘉图指出，地租在农业以资本主义生产方式经营、有租地农场主存在的地方，只能是超过一般利润的余额。

马克思指出，这种情况不可能发生。因为商品小米和其他商品一样，按价值出售，也就是按照它所包含的劳动时间同其他商品相交换。种植小麦的租地农场主和其他资本家一样，赚得同样的利润。在这种情况下，无法产生地租。因为地租也是代表劳动时间的。剩余劳动在工业中只等于利润，而在农业中却要分解为利润和地租，这是用李嘉图的价值理论难以解释的。因此，李嘉图认为租地农场主同其他资本家一样，都只提供利润的假定是难以成立的。这里，租地农场主获得的不是利润，而是平均利润，从剩余价值到平均利润要经过一系列的转化环节，李嘉图的地租理论由于缺少这些转化环节，故直接将利润等同于平均利润，于是导致其不能正确解释地租的来源。

李嘉图指出，地租是为使用土地原有和不可摧毁的土壤生产力而付给地主的部分土地产品。如果所有土地性质相同，数量无限，质量一致，那么无须支付使用费用，除非它所在的位置具有特殊的环境优势。但土地数量并非无限，质量也不尽相同，并且由于在人口增长过程中，质量和位置较差的土地也被耕种了，所以使用土地要支付地租。

可见，李嘉图将地租产生的原因理解为级差地租产生的原因。实际上，之所以产生地租，是由于土地所有权的存在。只要存在土地所有者，不管该土地的质量和位置如何，都要缴纳地租。土地质量和位置的不同是产生级差地租的条件，而不是产生地租的原因。

李嘉图认为，首先耕种的是最为肥沃和位置最佳的土地，其产品的交换价值与其他任何产品的交换价值一样，受生产商品并将其运送至市场所需要的劳动总量调整。当开始耕种质量较差的土地时，农产品的交换价值就会上升，因为生产所需的劳动增加了。

这是假定级差地租必然是以耕种越来越坏的土地或者农业肥力越来越下

降为前提的。马克思指出这种假定是错误的。在一个国家中，耕种土地既可以由最为肥沃的土地开始，也可以从相反的方向开始。同时，级差地租既可以由耕种越来越坏的土地而产生，也可以由耕种越来越好的土地而产生。

李嘉图认为，矿山和土地一样要支付给矿主租金。这种租金和地租一样是其产品价值昂贵所产生的结果，决非原因。如果同等富饶的矿山很多，任何人都可以占有，这些矿山就不会产生租金。

这里，矿山地租和农产品地租一样，都是由于矿山所有权的存在。这种所有权的存在是稀缺的，不可能出现李嘉图所假设的任何人都可能拥有矿山的情形。因此，只要工业资本家开采矿山，就要向矿山所有者缴纳矿山地租。

第二节　马克思地租理论的主要内容

马克思是在《资本论》第三卷第三十七章到第四十七章讲述地租理论。该理论要点如下：

一、导论

1. 定义

地租是与土地所有权联系在一起的。地租是土地所有权在经济上借以实现的形式。资本主义地租是资本主义土地所有权在经济上借以实现的形式。

土地所有权是土地所有制的法律表现。土地所有权是通过对土地的垄断形成的。土地所有权的形成前提是：“一些人垄断一定量的土地，把它当作排斥其他一切人的、只服从自己私人意志的领域。”① 土地所有权垄断是资本主义生产方式产生的历史前提，并且是资本主义生产方式的基础。资本主义生

① 《马克思恩格斯文集》第7卷，人民出版社2009年版，第695页。

产方式产生时所出现的土地所有权形式，是与资本主义生产方式不相适应的。同资本主义生产方式所适应的土地所有权方式，是在农业从属于资本后才创造出来的。资本主义土地所有权的特征是：

一是土地所有者只拥有纯粹的经济权利，排除了各种非经济的特权。土地对土地所有者来说只代表一定的货币税，这是土地所有者凭借土地垄断权，从租地农场主那里征收来的。因此，资本主义土地所有权就摆脱了以前一切政治和社会的装饰物和混杂物，这使农业合理化，从而使农业有可能按照社会化的方式进行经营。同时，也使土地所有权变成了荒谬的东西。

二是导致资本主义土地所有权与经营权分离，出现了租地农场主。租地农场主是专门从事农业经营的资本家，租地农场主雇佣工人进行农业生产。

2. 资本主义地租的本质和特征

（1）本质。资本主义地租体现了土地所有者和产业资本家共同剥削农业雇佣工人的关系。地租范畴的出现意味着这里出现了构成资本主义社会三个并存的又互相对立的阶级：工人阶级、资产阶级和土地所有者阶级。

投入土地的较长期的固定资本往往完全是由租地农场主投入的。但是，契约规定的租期一满，在土地上实行的各种改良，就要作为土地的不可分离的特性，变为土地所有者的财产。因此，随着经济发展的进程，土地所有者日益富裕，他们的地租不断上涨，这样，他们就把不费他们一点气力的社会发展的成果，装入了自己的腰包。因此，土地所有者是为享受果实而生的，而这是推进农业发展的最大障碍之一，会导致租地农场主避免进行一切到期不能收回的改良和支出。因此，从资本主义生产方式来看，由于拥有土地所有权就能够获取地租是有害的。

（2）特征。资本主义地租是由超额利润转化来的，是剩余价值的一部分。在资本主义社会，土地所有者把土地出租给农业资本家，由农业资本家雇佣农业工人进行生产。这样，农业资本家既要把剩余价值的一部分作为地租交给土地所有者，又要获得平均利润，所以，地租是由超额利润转化而来的。

在研究地租时，必须避免如下错误：

（1）把适应于社会生产过程不同发展阶段的不同地租形式混同起来。无论地租采取何种形式，它们都有一个共同点，即地租是土地所有权在经济上的实现形式。这里的土地所有者可以是代表共同体的个人，也可以只是某些人对直接生产者人格所有权的附属品，如在奴隶制度或者农奴制度下的土地所有权，还可以是非生产者对自然的单纯私有权。正是因为不同制度下地租都表现为土地所有权的经济实现形式，因此，人们就很容易将不同社会发展阶段的地租形式混同起来。

（2）将地租产生的条件与剩余价值产生的条件相混淆。一切地租都是剩余价值，都是剩余劳动的产物。因此，这就容易使人误解，以为只要将剩余价值本身的一般存在条件解释清楚，那么，地租的产生条件也就解释清楚了。这就混淆了两者的区别。地租产生需要有土地所有权，这是其产生的前提条件；而剩余价值产生的前提条件则是劳动力转化为商品。两者是不同的，不能混淆。

（3）地租量完全不是由地租获得者的参与所决定的，而是由社会劳动发展所决定的。因此，很容易把资本主义生产基础上共有的现象当作地租的特征来理解。随着资本主义生产的发展，剩余价值和剩余产品也按照相同的程度发展起来。随着后者的发展，地租量也在不断发展。这仅仅是表面现象，其背后的特征是，随着农产品作为价值而发展的条件和它们的价值的实现条件的发展，剩余价值转化为地租的量在不断发展，而这个量的增长完全不是由土地所有者的劳动创造的。

二、级差地租

1. 定义

所谓级差地租，是指经营较优土地所获得的，由土地所有者占有的超额利润。

级差地租来源于租地农场主经营较优土地所获得的超额利润。假设土地有优、中、差三个等级，相对于差地来说，优等地和中等地是有限的。因此，农场主经营不同等级的土地，所获得的成果是不一样的。耕种劣等地，劳动生产率低，产量少，个别生产价格就高；耕种较优土地，劳动生产率高，产量多，个别生产价格就低。如表 5-1 所示。

表 5-1 级差地租产生过程

土地等级	预付资本	产量		平均利润率（%）	利润	每千克个别生产价格	超额利润
		千克	价格				
劣等地	500	600	600	20	100	1	0
中等地	500	800	800	20	300	0.75	200
优等地	500	1000	1000	20	500	0.6	400

假设有三块地，租地农场主都投入 500 元资本，优等地劳动生产率高，产量高，能产 1000 千克粮食，中等地劳动生产率中等，能产 800 千克粮食，劣等地能产 600 千克粮食。假设社会平均利润率是 20%，投入农业的资本也要获得 20%的平均利润率。如果 1 千克粮食社会生产价格是 1 元，对于优等地的租地农场主来说，一千克粮食只要卖 0.6 元钱就可以了，也就是他的个别生产价格只要卖 0.6 元，他就获得了平均利润。对于中等地来说，粮食的个别生产价格要卖到 0.75 元，他就获得了平均利润。对于劣等地来说，粮食的个别生产价格必须是 1 元钱，他才能获得平均利润。因此，如果假设农产品社会生产价格也像工业品一样，是由中等生产条件下的个别生产价格决定的，也就是 1 千克卖 0.75 元，这样，经营劣等地的租地农场主，其个别生产价格高于社会生产价格，这样他就无利可图，但是优等地和中等地是有限的。如果优等地和中等地耕种的粮食 1800 千克不能满足社会需要，那么，粮食价格就必然上涨，以致涨到与劣等地产品的个别生产价格相等，这样，劣等地才会投入经营。这时，农产品的价格就不得不由劣等地的个别生产价格决定。否则，租地农场主经营劣等地无利可图，就不愿意投资。既然农产品价格由经营劣等地的个别生产价格决定，那么，经营较优土地也就是中等地和优等地的租地农场主就获得了超额利润。这里，也就是粮食价格 1 千克卖 1 元钱时，中等地就获得 200 元的超额利润，优等地就获得 400 元的超额利润。由于在土地问题上存在两权分离，土地所有者拥有土地所有权，租地农场主拥

有经营权。这样，超额利润最后就要以级差地租的形式交到土地所有者手中。

因此，从级差地租的产生过程可以看出：

第一，超额利润等于个别生产价格和调节市场的一般生产价格的差额。对这个差额起调节作用的有两个界限：一方面是个别生产价格，另一方面是一般生产价格。对于优等地和中等地来说，它们的个别劳动生产力要比劣等地的劳动生产率大，因此，生产等量的粮食所需要的劳动较少。另一个因素是一般生产价格。一般生产价格的一个调节因素是一般利润率。如果粮食变便宜了，个别生产价格和一般生产价格的差额会缩小，超额利润就会减少。

第二，土地的优劣不是超额利润的源泉，而是超额利润的一种自然基础。在工业中，各个企业的生产条件也是有差别的，但那里一般不存在对于较好的生产条件的垄断现象，因而不能形成持久性的超额利润。只有当土地的自然条件的差别和土地的经营垄断结合在一起时，才能形成级差地租。因此，对较优土地的资本主义经营垄断是级差地租产生的条件。

第三，土地所有权同超额利润的创造没有任何关系。因为如果这块地是无主土地，那么，只要被租地农场主利用，就会产生超额利润。因此，这里，要把土地的所有权垄断和经营权垄断区分开。土地所有权的存在，是把超额利润转化为级差地租的原因，而不是超额利润创造出来的原因。

第四，级差地租来源于农业工人的剩余劳动。因为土地再好，如果没有人利用，就不会产生任何超额利润，也就不会产生任何级差地租。

第五，如果没有土地所有权的存在，那么，只需要按照 2400 元的价格出售，但是，由于土地所有权的存在，现在要按照 3000 元的价格出售，这就产生了虚假的社会价值。这种虚假的社会价值是由劣等条件决定的农产品的社会生产价格与个别生产价格之间的差额构成的，这对于消费者来说属于过多支付的东西，但是，对于土地所有者来说却是其利润的来源。

2. 级差地租 I

级差地租 I 是等量资本投在面积相等但肥力或位置不同的土地上形成的级差地租。土地肥力或者土地位置构成级差地租产生的自然基础。土地肥力包括自然肥力和经济肥力。自然肥力与土壤的化学成分有关，也就是和土壤所含植物成分差别有关。经济肥力，就是利用各种化学方法和物理方法改变土壤肥力。所以，土壤的肥力并不是一成不变的。土壤越肥，越是较优土地，就能带来更多的级差地租。土地位置是指土地距离市场的远近。距离市场越远，农业生产资料运输和农产品销售就越不方便，级差地租越低。

级差地租Ⅰ的形成与耕作顺序无关。土地耕作顺序既有可能是从优等地到劣等地，也有可能从劣等地到优等地，还有可能两者是交替进行。其原因就在于土地的位置可以相对改变，土地的肥力也可以相对改变。

3. 级差地租Ⅱ

级差地租Ⅱ是指在同一块土地上，连续投入等量资本产生不同的生产率所形成的级差地租。

级差地租Ⅱ的多少，与生产价格的变动和投资的生产率变动两个因素有关。假设生产价格不变，第二次投资的生产率不变，如表 5-2 所示：

表 5-2　级差地租Ⅱ的产生过程

土地等级	预付资本	产量		平均利润率（%）	利润	每千克个别生产价格	级差地租
		千克	价格				
劣等地	500+500	1200	1200	20	200	1	0
中等地	500+500	1600	1600	20	600	0.75	400
优等地	500+500	2000	2000	20	1000	0.6	800

这里，第二次追加投资仍然是 500 元，农产品社会生产价格仍然是每千克 1 元，平均利润率为 20%，则优等地所获得的级差地租是 800 元，中等地所获得的级差地租是 400 元。

这里，资本的生产率、农产品价格和级差地租之间存在着复杂的组合关系。随着同一块土地上投资的增加，则该块土地上所带来的级差地租不一定减少。一般说来，随着投资量的增加，产量会增加，这有可能使生产价格发生下降。同时，投资的生产率变动直接和产量有关，如果好地的产量增加，有可能会将劣等地驱逐出市场，从而导致级差地租反而出现下降。因此，不能绝对地说投资越多，级差地租就越多。但一般说来，随着土地上使用的资本越来越多，一国的农业和整个文明就越发展，每亩地的地租和地租总额就增加得越多，社会以超额利润形式付给土地所有者的贡赋就越多。

4. 级差地租Ⅰ和级差地租Ⅱ的联系和区别

两者的联系是：①级差地租Ⅰ是级差地租Ⅱ的基础和出发点。从历史上看，这两种形式的级差地租反映资本主义农业生产的两个不同阶段。资本主义农业生产初期，由于资本积累有限，可耕地又多，这时主要是通过扩大耕地面积，进行粗放式经营。这时的级差地租主要是级差地租Ⅰ。到了一定发展阶段，可耕地减少，资本积累也达到一定程度，这时，就采用集约经营的形式，在同一块土地上进行追加投资。这就是级差地租Ⅱ。其次，从级差地租Ⅱ的运动来看，它总是以肥力和土地位置不同的各级土地同时并列的耕种为前提。②级差地租Ⅱ只是级差地租Ⅰ的不同表现，两者实质上是一致的。在对同一块土地进行连续投资时，其结果仍然是土地显示出不同的肥力。而这也恰恰就是级差地租Ⅰ的结果。所以，级差地租Ⅱ只是级差地租Ⅰ的不同表现。

就两者的区别而言，①资本投资方式不同。级差地租Ⅰ是资本投在不同地块上，而级差地租Ⅱ则是资本对同一块土地进行连续投资。②相比较转化为级差地租Ⅰ的超额利润而言，转化为级差地租Ⅱ的超额利润的数量难以确定。就级差地租Ⅰ而言，由于不同地块土地肥力的差别相对能够确定，因此，这个超额利润的数量是相对容易确定的。但是，对于级差地租Ⅱ而言，由于投资是集中在同一块土地上连续进行的，因此，连续投资所产生的超额利润，往往是不容易确定的。这就导致转化为级差地租的数量难以确定。因此，在租约期内，往往这部分超额利润归租地农场主所有，只有到租约期满后，这部分超额利润才转化为地主所有。

三、绝对地租

1. 定义

绝对地租是由土地所有权本身产生、租用任何土地都必须支付的地租。

在资本主义社会，不支付地租的现象，只是在偶然的情况下才发生：第一，当土地所有者就是资本家时，无须缴纳地租。第二，在一整片土地中间，可能会有一些地块，按照市场价格水平不能支付地租，因此实际上是无偿出租的。但在土地所有者看来，这块土地的地租已经包括在整片土地的地租总额中了。因此，土地所有权本身已经产生了地租。土地所有权是产生绝对地租的原因。

2. 形成条件

形成绝对地租的超额利润来自于农产品价值大于生产价格的差额。一个商品的价值和生产价格的关系取决于资本有机构成。资本有机构成高，价值低于生产价格，资本有机构成低，价值高于生产价格。农业的资本有机构成低于社会资本平均构成，因为农业落后于工业是资本主义制度的普遍现象。这就导致农产品价值大于生产价格，投在农业上的资本能够得到超额利润。由于土地所有权的垄断阻碍了资本的自由转移，使农业部门的剩余价值不参与利润平均化。于是，该超额利润转化为绝对地租。因此，农业资本有机构成低于社会资本有机构成是绝对地租形成的条件。该过程可以用表 5-3 表示：

表 5-3　绝对地租形成过程

生产部门	资本有机构成	剩余价值率（%）	剩余价值	商品价值	生产价格	绝对地租
工业	400c+100v	100	100	600	600	0
农业	300c+200v	100	200	700	600	100

如表 5-3 所示，假设工业部门和农业部门都投入 500 的资本，工业资本有机构成高于农业资本有机构成，剩余价值率都为 100%，则工业部门的商品价值是 600，农业部门的商品价值是 700，由于农业部门土地所有权的存在，故其所获得的剩余价值不参加利润率平均化过程，于是，就有了 100 的绝对地租。

3. 绝对地租的本质和发展趋势

从上述分析可以看出，绝对地租本质上是剩余价值的一部分。随着农业生产的进步，资本有机构成的逐步提高，绝对地租额会逐渐减少。因此，如果农业资本的平均有机构成等于甚至大于社会资本有机构成，那么，这种意义的绝对地租就会不存在了。但是，在资本主义社会，只要存在土地所有权，就必然要支付绝对地租。在这种情况下，绝对地租只能来源于市场价格超过价值和生产价格的余额，即来自产品的垄断价格。

4. 级差地租和绝对地租的区别和联系

级差地租和绝对地租既有联系，又有区别。两者的共同点在于都是由超额利润转化来的。两者的区别是：一是加入生产价格的方式不同。级差地租要以生产价格的存在为前提，而绝对地租则是构成商品价值和生产价格的一部分。二是级差地租是针对较优等土地而言的，绝对地租是针对任何土地而言的。三是超额利润形成条件和来源不同。级差地租的超额利润形成条件是来自于对较优土地的资本主义经营；超额利润来源于农业工人创造的超额剩余价值。绝对地租的产生条件是农业资本有机构成低于社会资本有机构成导致农产品价值高于社会生产价格，土地所有权的垄断导致资本不能自由转移。四是级差地租中超额利润的形成与土地所有权无关，绝对地租中超额利润的形成和土地所有权有直接关系。

四、非农业地租和土地价格

前面讲的级差地租和绝对地租是针对农业地租来讲的，它揭示了地租的基本原理。在此基础上，还要研究非农业地租。这里的非农业地租包括建筑地段的地租和矿山地租。

1. 建筑地段的地租

建筑用地属于非农业用地。其地租由真正的农业地租调节。建筑地租的特征是：第一，土地位置对级差地租有决定性影响。第二，土地所有者是利用社会进步来收取地租的，他本身对社会进步没有贡献。第三，这种地租在很多情况下都是以垄断价格形式出现的，特别是在对贫民进行无耻的剥削方面占优势。马克思指出：“在这里，社会上一部分人向另一部分人要求一种贡赋，作为后者在地球上居住的权利的代价，因为土地所有权本来就包含土地所有者剥削地球的躯体、内脏、空气，从而剥削生命的维持和发展的权利。”①

建筑用地的地租，会随着人口的增加，住宅需要的增大和固定资本的发展而提高。只要有建筑用地，就存在建筑投机。建筑投机的对象是地租，而不是房屋。

2. 矿山地租

矿山地租是由资本家向土地所有者租用矿山而支付的地租。矿山地租和农业地租的决定方法是一致的。它包括级差地租，这主要是由矿产品的蕴涵丰度不同和矿山位置决定的。它也包括绝对地租，这也是因为土地所有权引起的。

3. 地租与垄断价格

垄断价格是指那种只决定于购买者的购买欲和支付能力的价格，它与一般生产价格或产品价值决定的价格无关。一般说来，这种产品应该数量都比较少或者是唯一的，这样，才有可能物以稀为贵，提供垄断价格。

地租与垄断价格存在密切关系。一种情况是垄断价格产生地租。例如，一个葡萄酒庄园只能生产特别少量的好酒，那么，这个酒就卖得贵，就会提供了垄断价格。这就会使葡萄酒种植者获得了很高的超额利润。这种超额利润，由于土地所有权的存在就转化为垄断地租。另一种是地租产生垄断价格。也就是说，要在土地上投资，一定要获得土地所有者的同意。因此，投资就受到很大的限制。这样，产品就会按垄断价格出售。这就是地租产生垄断价格。

4. 土地价格

土地价格，也就是把土地卖给第三者的价格。这个价格会加到个别成本价格上，但不会加到商品的一般生产价格上。因为商品的一般生产价格的调节和级差地租没有关系，仅仅和绝对地租有关系。但是，绝对地租对于所有

① 《马克思恩格斯文集》第7卷，人民出版社2009年版，第875页。

生产者而言都是一样的，都构成生产者的成本，因此，其变动只会影响商品一般生产价格的变动。

土地价格是资本化的地租。这里，土地所有权的存在导致超额利润转化为地租，这种超额利润能够资本化，并且表现为土地自身的价格。因此，如果超额利润每年是 10 镑，年平均利润是 5%，则这个 10 镑就表现为 200 镑资本的利息。

五、资本主义地租的起源

资本主义地租起源于封建社会的地租。封建社会的地租由劳动地租发展到产品地租，再由产品地租发展到货币地租。与资本主义社会地租是超额利润的转化形式不同，封建社会的地租是剩余价值或剩余劳动的唯一的占统治地位的和正常的形式。

1. 劳动地租

劳动地租是指直接生产者以每周的一部分时间，用实际上或法律上属于他所有的劳动工具来耕种实际上属于他所有的土地，以每周的另一部分时间，无代价地在地主的土地上为地主劳动。劳动地租是地租的最简单形式。劳动地租反映了直接生产者和地主之间的关系。直接生产者，就是实际占有土地和拥有独立的生产资料，同时又要为地主劳动的人，直接生产者为自己劳动和为地主劳动是分开的。

劳动地租的特点是：①地租和剩余价值是一致的。无酬剩余劳动表现的形式是地租，不是利润。地租是剩余价值的原始形式。②直接生产者是不自由的人。这里，存在着超经济的强制。这种不自由的程度可以从实行徭役劳动的农奴到单纯的贡赋义务。③劳动地租是建立在社会生产力不发达，劳动方式原始的基础上。劳动者可以通过在自己的劳动时间内，不断提高劳动生产率，从而可以推动社会经济的发展。

2. 产品地租

产品地租是直接生产者以产品形式向土地所有者提供的唯一的剩余劳动

或剩余产品。它是剩余劳动的正常形式，是最发达的和占统治地位的地租形式。

产品地租产生的前提是：①直接生产者已处于较高的文明状态，从而他的劳动以及整个社会已处于较高的发展阶段。②处于自然经济状态。产生产品地租的经济条件的全部或绝大部分，还是在本经济单位中产生的，并直接从本经济单位的总产品中得到了补偿和再生产；第三，农村家庭工业和农业相结合。形成地租的剩余产品，是这个农工合一的家庭劳动的产品。

产品地租的特点是：①剩余劳动已经不再是在地主的直接监督和强制下进行，已经是直接生产者自己负责来进行剩余劳动。②剩余生产是在直接生产者占有的土地上进行，而不像劳动地租情形下在地主的庄园中进行。③生产者为自己的劳动和为地主的劳动，在时空上已经不再明显分开。④产品地租使直接生产者的经济状况出现更大的差别。有的直接生产者，劳动效率高，剩余劳动的产品地租，不一定把农民家庭的全部剩余劳动全部榨尽。这样，他就有可能获得进一步剥削别人的手段；还有的直接生产者，劳动生产率低，就有可能严重威胁到其生存，从而使再生产受到严重障碍。

3. 货币地租

货币地租是直接生产者以货币形式向土地所有者提供的地租。货币地租是封建社会地租的最后形式，同时又是它的解体形式。

产品地租转化为货币地租的前提：①除土地之外的劳动条件，如农具和其他动产等等，已经转化为直接生产者的所有权；②商业、城市工业、一般商品生产，从而货币流通有了比较显著的发展；③产品有一个市场价格，并且或多或少按接近自己的价值出售。

货币地租的发展为过渡到资本主义地租形式创造了条件。一方面，实行货币地租，会使地主和农民的关系变成纯粹的货币关系。因此，农民实际上成为土地的租赁者。这种转化，就会使农民发生分化，从而产生独立农民、租地农场主和农业无产阶级。另一方面，城市中有部分资本家把资本转移到农业，把资本主义经营方式带到农业中来，从而促使旧的生产方式解体。因此，就逐渐产生了资本主义地租，地租的性质就发生变化，由剩余价值的正常形式变成剩余价值在平均利润上的余额。

4. 分成制和农民的小块土地所有制

在前面 3 种地租形式中，假定支付地租的人都是土地的实际耕作者和实际占有者，他们的无酬剩余劳动直接落入到土地所有者手中。而分成制和农民的小块土地所有制则是由资本主义以前的地租形式向资本主义地租的过渡形式。

（1）分成制。分成制是由前资本主义地租到资本主义地租的过渡形式。之所以要实行分成制，是由于租地农民没有足够的资本进行完全的资本主义经营。因此，经营者除了提供劳动，还提供经营资本的一部分；土地所有者除了提供土地，还提供经营资本的另一部分。产品则按一定的比例在租地人和土地所有者之间进行分配。

分成制中，地租不再表现为剩余价值的一般正常形式，租地农民也不只是劳动者，而是作为一部分劳动工具的所有者，作为自己的资本家，要求产品的一部分。土地所有者也不仅仅是作为土地所有者，而且也作为资本的贷放者，要求获得利息。因此，地租不再是表现为剩余价值的一般正常形式。

（2）小块土地所有制。小块土地所有制中，农民既是小块土地的劳动者，又是小块土地的所有者。土地是他的主要生产工具。小块土地所有制以农村人口在数量上占有优势、资本主义农业生产还不大发展为前提。

小块土地所有制的特点是：①一般只存在级差地租，不存在绝对地租。②一般说来，在这种情况下，农产品价格是低于它的价值出售的。因为农民在出售产品时，既不计算平均利润，也不计算地租，只要能够收回生产资料的费用和补偿最低限度的工资，他就会耕作他的土地。所以，没有必要使市场价格提高到同它的产品价值或生产价格相等的水平。因此，在这种条件下劳动的农民是把他们剩余劳动的一部分送给社会的，它既不参与生产价格的调节，也不参与一般价值的形成。因此，这种较低的价格是生产者贫穷的结果。

小块土地所有制必然要转化为资本主义大农业。小农经济破产的原因是多方面的：①大工业的发展会破坏与它结合在一起的农村家庭工业；②由于缺乏资本进行集中经营，土地会逐渐贫瘠和枯竭；③无法与资本主义大农业竞争；④作为小块土地补充的公有地，已经为大土地所有者所侵占；⑤农业上的各种改良，一方面降低了农产品价格，另一方面又要求有更多的投资和更多的物质资料，这是小农经济所无力办到的；⑥高利贷和税收制度的存在；⑦购买土地的费用是其沉重负担，甚至有可能提高到使其生产不能正常进行。所以，农民的小块土地所有制是农业发展的一种过渡形式，具有很大的局限性。按其性质来说，排斥社会生产力的发展、劳动的社会形式、资本的社会集聚、大规模的畜牧和对科学累进的应用。所以，发展到一定阶段，就必然要过渡到资本主义大农业。

第三节　对马克思地租理论的不同见解

一、关于社会必要劳动时间另一种含义的争论

在第三十七章导论中，马克思提出："事实上价值规律所影响的不是个别商品或物品，而总是各个特殊的因分工而互相独立的社会生产领域的总产品；因此，不仅在每个商品上只使用必要的劳动时间，而且在社会总劳动时间中，也只把必要的比例量使用在不同类的商品上。"① 因此，"社会劳动时间可分别用在各个特殊生产领域的份额的这个数量界限，不过是价值规律本身进一步展开的表现，虽然必要劳动时间在这里包含着另一种意义"。②

对于如何理解马克思的这段话，学术界有不同的争论。一种观点认为马克思在这里提出了两种含义的社会必要劳动时间理论，从而将需求引入了价值决定。一种观点认为不存在两种含义的社会必要劳动时间理论，价值只能由劳动决定，需求因素只是影响价值决定。

① 《马克思恩格斯文集》第7卷，人民出版社2009年版，第716页。
② 《马克思恩格斯文集》第7卷，人民出版社2009年版，第717页。

笔者认为，不存在两种含义的社会必要劳动时间理论。认为马克思存在两种含义的社会必要劳动时间理论，不论是强调两种含义必要劳动时间决定价值，还是第一重含义的社会必要劳动时间决定价值，第二重含义的社会必要劳动时间间接决定价值，其实质都是将需求引入价值决定。这是马克思经济学所不承认的。如果两重含义的社会必要劳动时间论能够成立，那么，价值决定将出现二重决定论，流通将成为价值决定的因素直接或迂回地出现在马克思的劳动价值论中。

那么，该如何理解马克思的这段话？要回答这个问题，还是要回到第一卷马克思对社会必要劳动时间的界定。马克思指出，所谓社会必要劳动时间，是指“在现有的社会正常的生产条件下，在社会平均的劳动熟练程度和劳动强度下制造某种使用价值所需要的劳动时间”①。这句话说明决定社会必要劳动时间有两个方面的因素：一方面是物的因素，也就是生产资料情况，另一方面是人的因素，也就是劳动者情况。生产资料构成生产条件，劳动者情况构成劳动熟练程度和劳动强度。从物的角度看，要求由现有的社会正常的生产条件决定社会必要劳动时间。这个现有的社会正常生产条件在不同行业、不同部门是不一样的。在第三卷第十章，马克思分析了三种情况下的价值决定：第一种情况是商品中有一个较小部分的生产条件低于正常社会条件，另一个较小部分的生产条件高于这些条件，如果这两端拉平，从而使属于这两端商品的平均价值与属于中间的大量商品价值相等，则市场价值由中等条件下生产的商品价值来决定。在第二种情况下，投入到市场上的商品总量仍旧不变，然而在较坏条件下生产的商品价值，不能由于较好条件下生产的商品价值拉平，以致在较坏条件下生产的那部分商品，无论同中间商品相比，还是同另一端商品相比，都构成相当大的量，则市场价值就由较坏条件下生产的大量商品来调节。第三种情况是：假定在高于中等条件下生产的商品量，大大超过在较坏条件下生产的商品量，甚至同中等条件下生产的商品量相比也构成相当大的一个量，则市场价值由最好条件下生产的那部分商品来调节。

① 《马克思恩格斯文集》第5卷，人民出版社2009年版，第52页。

由此可见，所谓现有的社会正常的生产条件，是由不同情况下的生产条件来决定的，不能将其机械地理解为由中等生产条件决定。既可以由优等生产条件决定、也可以由中等生产条件决定，也可以由劣等生产条件决定。影响生产条件的因素是到底由什么生产条件决定，受社会需求量的影响。厂商要根据市场需求状况的变化来调整生产量，进而调整生产资料和劳动力的生产条件。因此，需求是影响厂商生产条件的重要因素。正如在地租理论中，自然条件也是影响生产条件的重要因素一样。因此，需求量影响但不是决定价值量，一旦厂商根据市场需求量的变化决定了生产量，只有这个生产出来的产品量才决定商品价值。因此，在这里，马克思提及社会劳动时间要在不同生产部门之间进行分配，只不过是进一步强调需求量影响生产条件和劳动力的配置。需求影响价值决定，但不决定商品价值。这种影响是通过商品生产条件来揭示出来的。因此，这里马克思所揭示的社会必要劳动时间的另一种意义是对社会生产条件的进一步解释和说明。决定商品价值量的是社会平均的生产条件和平均的劳动力生产水平，不存在两种含义的社会必要劳动时间。供求变化导致市场价格与价值的偏离，供大于求，价格下降，供小于求，价格上升。价格的变化会影响生产条件的变化，生产条件变化了，价值量就会发生变化。

二、关于对建筑地段地租决定因素的不同见解

马克思指出，建筑地段的地租首先是由农业地租调节的。这种地租的特征在于：位置对于级差地租具有决定性影响，其次，所有者具有完全的被动性，他的主动性只在于利用社会发展的进步，而对于这种进步，他并不像产业资本家那样有过什么贡献，冒过什么风险；最后，在许多情况下，垄断价格占有优势。人口增加以及随之而来的住房需要的增大，固定资本如所有工业建筑物、铁路、货栈、工厂建筑物、船坞等的发展，都会提高建筑地段的地租。

一方面马克思认为建筑地租地租由农业地租调节，另一方面，也指出垄

断价格在建筑地段的地租决定中占有重要优势。因此，可以认为马克思提出了建筑地段地租决定的二重因素。在一般情况下，建筑地段地租是由农业地租调节的，这对于许多远离城市中心、区域发展中心的地段是可行的。但是，在许多情况下，建筑地段地租是不由农业地租调节的，它可以高于农业地租数倍、数十倍、甚至数百倍。这种巨大的偏离如果用农业地租为基础来说明是难以解释清楚的。因此，在这种情况下，可以用垄断地租论来解释。

分析我国房地产发展状况，可以发现不同城市的房地产价格决定有着不同规律。对于一、二线城市，其房地产价格更多的是由垄断地租决定的。在此情况下，位置对于房地产价格起核心作用，其次，城市化发展状况与房地产价格息息相关。再次，工业化发展状况也对城市房地产价格调节起到重要作用。农业地租对于城市房地产价格很难起到调节作用。对于三、四线城市，尤其是工业化、城镇化发展相对滞后的城市，其房价主要是由农业地租调节的。

因此，要根据位置、工业化、城市化来考虑房地产价格决定因素，这对于建筑地段地租的决定起首要作用，而农业地租只是对建筑地租的地租起到基础作用。要从两者的辩证统一中理解建筑地段的地租决定。

第四节 马克思地租理论的现实意义

新中国成立以来，我国农村土地经营制度经过 3 个阶段的演变：第一阶段是新中国成立初期实行土地私有制，这个阶段为 1949—1955 年。我党在新中国成立之前，通过土地革命消灭了封建地主土地所有制，通过平均地权实现了土地所有权的平均化，使广大农民变成了自耕农。为防止出现从平均化到兼并、再到形成大地产，党提出了农业实行互助合作的发展思路。先是推行农业生产互助组，在这个阶段，农民在具体生产过程中实行互助合作，但是属于各户所有的土地并没有合到一起，各户土地上收获的农产品，也是归各户所有，只是根据地亩分摊生产的各项费用。随后，又实行初级农业生产合作社。初级农业生产合作社的土地仍然归农民所有，但是，农民的土地要以入股的形式交给合作社统一经营。因此，虽然土地仍然归农户所有，但使用权已经归合作社。

随后，我国土地经营制度进入第二阶段。该阶段为1956—1978年。该阶段的特征是实行土地公有制。首先实行的是高级农业生产合作社。高级社实行生产资料集体共有基础上的统一经营、共同劳动、统一分配。高级社是改革开放前我国农村土地制度的基本形式。随后，我国实行了人民公社制度。人民公社制度的特点是一大二公，政社合一。所谓大，就是规模大，几千农户成为一个公社。所谓公，就是生产资料的公有化程度高。除了农户自有的生活资料，整个农村所有的生产资料都归公社集体所有。政社合一，就是公社与乡政府合一，公社行使管理农村经营活动的权力。实行人民公社后，生产资料完全公有，农民收入分配水平极大地平均化，这就很难调动农民的积极性，于是，我国出现了严重的经济困难，1960年，我国又实行三级所有、队为基础的农村生产经营体制。三级所有，就是将人民公社内部的组织关系调整为社、大队、生产队这三级组织关系。队为基础，就是以生产队为基本核算单位。实行该经营体制后，我国农业得到较快发展，但由于人口增加很快，故人民生活水平仍然没有得到太多的改善。

改革开放后，我国农村生产经营体制改革进入第三阶段。首先是推行包产到户。实行包产到户，生产队把土地包给各家各户，生产队以各家各户承包地上的产量确定分配标准，各家各户能够根据自己承包地的需要自行安排劳动力的使用。因此，包产到户实际上是农民分户劳动，但是，产品仍然归生产队统一支配，农民并没有成为真正的经营主体。于是，包产到户进一步发展到包干到户。包干到户就是实行分户经营，自负盈亏。实行包干到户后，我国农村经营体制转变为以农村家庭承包经营为基础、统分结合的双层经营体制。这种双层经营体制，坚持土地等基本生产资料归农村集体所有，由农户对土地进行承包经营，实现了统一经营和分散经营的有机结合。这种双层经营体制实现了农村土地的两权分离，从而极大地调动了农民的积极性，搞好了农村经济。

当前，要推进双层经营体制，必须解决以下问题：

（1）引导农村土地经营权有序流转。实行双层经营体制以来，随着我国工业化、城市化进程的不断发展，大量农民进城打工，这些进城务工农民将承包地流转出去，从而推进了土地承包权流转。于是，我国农村土地体现了三权分离：即农村土地所有权归村集体所有，农村土地承包权归农户所有，农村土地经营权则由家庭经营、合作社经营或者工商企业经营。对于这种土地流转，一定要尊重农民的意愿。土地如何流转、何时流转，都要以农民的意愿为准，不能强迫农民将土地集中起来，实行规模经营。土地对于农民不仅仅是解决生产的问题，在我国社会保障制度还不健全的情况下，它是农民最重要的社会保障，也是最重要的社会稳定器。我国之所以在 2008 年国际金融危机中没有发生大的波动，农村土地的双层经营制度起到了根本作用。所以，一定要以农民意愿为基础推进土地流转。

（2）要严格控制工商资本下乡，直接进行农业生产。工商资本下乡，必然实行大规模的集中经营。这种大规模的集中经营，要大量圈占土地、长期占有土地，这一方面会使农民失去土地，从而失去农民最重要的生活保障，另一方面也使农民转变身份，要么变成农业雇佣工人替工商资本打工，要么就是放弃土地，收取少量的承包费用，然后长期进城打工；要么就是无工可打，有可能变成失地加失业的农民。这对于我国农村稳定、乃至社会稳定都会是长期的重大威胁。因此，家庭经营仍然是最适合我国农村的经营体制，必须长期保持稳定不变，严防工商资本下乡。

（3）要防止土地私有化。这里的土地私有化，最明显的途径就是给予农民长期、甚至永久不变的土地承包权。一旦土地承包权长期、甚至永久不变，即使土地所有权归村集体所有，也已经变相地将土地私有化了。这种土地私有化，农民形象地称为“增人不增地，减人不减地”。一旦形成这种格局，就会出现三种后果：一是农村内部土地分化明显，少数人拥有较多的耕地，而后出生的农民则基本成为失地农民。二是农村出现了大量脱离村庄但却继续拥有村庄土地的人口。三是农民不愿意承担村庄公共建设及公益事业建设的成本与义务。因此，必须要赋予村集体调整土地承包权的权力。允许村集体根据农村实际状况，通过召开村民大会集体表决、公开表决，每隔若干年对于农村土地承包权进行调整。只有这样，才能有效防止农村土地私有化，进而稳定农村，发展农村。

（4）要推进农业产业化经营。农户分散经营，只能解决农民的温饱问题，要想使农民富裕起来，难度很大。这里存在小生产和大市场的矛盾。因此，要想使农民富裕起来，必须要推进农业产业化经营，只有产业化经营，才能提高农业生产水平，实现农民富裕增收。对于产业化经营，必须要通过改革明确村集体是产业化经营的主体。虽然目前有少量农民通过土地流转实现了产业化经营，各种农民新型合作组织、各种农业社会化服务组织、各种农业龙头企业也在推进农业产业化经营，但不论是单个农民、农业专业合作社还是龙头企业，要么规模小、要么存在与农民争利的问题，因此从长远来看，更适合于产业化经营的主体是村组织。只有村组织能够将农民大规模组织起来，在保障农民权益的基础上，实行土地的规模化、集中化经营，提供综合化的服务。同时，村集体组织能够与政府各类支农、扶农组织有效衔接，提高政府财政投入效率，提高与各类金融组织的合作效率，大规模减少交易成本。当然，要想使村集体成为农业产业化经营主体，一是要使农民更大规模地转移出去。只有农民大量转移，才有可能为推进产业化经营提供前提条件。二是要改革村集体组织，使村集体不仅仅承担政治职能，更重要的是承担经济职能，而且要通过改革使其将经济职能摆在首要位置，从而进一步完善农村经营体制。

第六章　马克思的分配理论

在《资本论》第三卷第七篇，马克思通过对各种收入及其源泉的分析，揭示了资本主义分配关系的实质，分析了与三种收入形态相对应的三个阶级之间的关系。

第一节　马克思分配理论的思想来源

一、对三位一体公式的批判

所谓三位一体公式，是由资产阶级庸俗经济学家萨伊提出来的。萨伊指出，所谓劳力，是指从事任何一种劳动工作时所进行的连续不断的工作，或在从事任何一种劳动工作的某一部分时所进行的连续不断的动作。人的劳动、自然的劳力或自然的生产性服务、资本的劳力或资本的生产性服务在生产中共同协力，发挥各自的作用，从而生产出产品。于是，这三个要素所有者由于它们的服务而获得各自的报酬，即劳动的服务产生工资，资本的服务产生利息，土地的服务产生地租。于是，就可以得出三位一体公式：劳动—工资、资本—利息、土地—地租。

对于该三位一体公式，马克思指出：

（1）资本、土地和劳动属于完全不同的领域，彼此之间毫无共同之处。资本不是物，而是一定的、社会的、属于一定社会历史形态的生产关系，后者体现在一个物上，并赋予这个物以独特的社会性质。土地则是无机的自然界本身，土地不可能创造价值和剩余价值。劳动是指人借以实现人和自然之间的物质变换的人类一般的生产活动。因此，资本、土地和劳动彼此之间是毫无共同之处的，彼此是毫无关系的。

（2）三位一体公式把各种收入源泉之间能够发生联系的社会形式给抛弃掉了。在三位一体公式中，资本是属于社会生产过程一定社会历史形态的范畴，而劳动、土地则是一切生产方式所共同具有的，是每一个生产过程的物质要素，而与生产过程的社会形式无关。资本—利息这个公式是资本最无概念的公式，但终究是资本的一个公式，但土地怎么会创造一个价值？因此，把资本和土地并列起来，并形成对立，是错误的做法。

（3）三位一体公式下各种经济关系是荒谬的、互相矛盾的，是不可能组合到一起的。土地—地租公式中，土地没有价值，地租是使用价值，地租作为一种社会关系，竟被设定为同自然的一种比例关系，也就是让两个不能通约的量互相保持一种比例。对于资本—利息而言，资本被理解为一定的价值额，资本获得利息，意味着一个价值是比它的所值更大的价值，这显然是荒谬的，最后，对于劳动—工资，劳动是价值的实体，它本身没有价值，不可能获得工资。

（4）三位一体公式否定资本主义生产方式的特殊性。资本主义生产过程是社会生产过程一般的历史规定的形式。社会生产过程既具有一般性，同时又具有特殊性、现实性。资本主义生产过程同所有以前的生产过程一样，都是在一定的物质条件下进行的，这些物质条件是一定的社会关系的承担者。就资本而言，资本家只是人格化的资本，其本质就是要追求剩余价值，这个剩余价值存在于剩余产品中。剩余劳动在其他社会也存在，但是，它在资本主义社会中具有对抗的形式，而且是以社会上的一部分人完全游手好闲为补充。同时，与其他社会相比，资本主义社会榨取剩余劳动的方式和条件，更有利于生产力的发展。土地所有者把剩余价值的一部分从资本的口袋里转移到它自已的口袋里，工人作为劳动力的所有者和出售者，在工资的名义下获得必要劳动的产品。三位一体公式则否认这种特殊性，认为资本获得利息、土地获得地租和劳动获得工资是超越一切社会发展历史阶段普遍存在的现象，这就否认了资本主义生产方式的特殊性。

（5）利润、地租、工资是收入，而不是收入的实体。利润、地租和工资形成三个阶级的收入。这些收入，是由资本家进行分配的。它们对各个阶级来说，表现为各自阶级特有的收入。但是，这种收入并没有创造转化为这三个范畴的实体本身，这种分配要以年产品的总价值已经存在为前提，而这个总价值不外就是对象化的社会劳动。但是，这对于生产当事人来说，资本、土地所有权和劳动表现为三个不同的、独立的源泉，不仅收入是从这些源泉来的，而且年产品价值也是从这些源泉产生出来的。就土地—地租公式来看，级差地租是和土地肥力联系在一起的，土地越肥沃，级差地租越高，但实际上，之所以产生级差地租，是以不同等级土地的个别价值和一般市场价值的差额为基础的，这与土地无关，而是一个通过竞争来实现的社会规律。就劳动—工资而言，这个公式可能表现出某种合理关系，但实际上它也没有表现出来。劳动没有价值，工资或劳动的价格只是劳动力价值或价格的不合理的说法。就资本—利润公式来说，也是不正确的，资本生产剩余价值，而剩余价值不仅包括利润，还包括地租，而当这个公式转化为资本—利息后，这一切联系就更看不出来了。因此，三位一体公式中，劳资对立关系没有，连一般的价值关系都没有了，它将收入的分割与收入实体相混淆。

（6）三位一体公式把劳动条件的社会性质看成是生产过程的固有性质。三位一体公式显示出整齐对称又不一致的性质。劳动条件，即生产出来的生产资料和土地，对于雇佣劳动所采取的一定的特有社会形式，直接地和这些劳动条件的物质存在合而为一了。因此，劳动条件原本是属于一定历史时期的形态，但是在三位一体公式中，就和生产资料和土地在生产过程一般中的存在和职能合而为一了。生产资料天然就是资本，土地天然就是土地所有权，劳动天然就是雇佣劳动。劳动和雇佣劳动合而为一，工资就会和劳动的产品合而为一，工资所代表的价值就会和劳动所创造的价值合而为一，这样，利润和地租就会同工资相独立，这就掩盖了各种收入所产生的真实源泉。

（7）三位一体公式是根据被颠倒的资本主义经济关系的表面现象制造出来的。在商品和货币理论中，已经指出由于商品货币关系的发展，会产生商品拜物教。这种商品拜物教在商品经济存在条件下普遍存在。在资本主义社会，这种颠倒关系发展得更加厉害。以资本而论，在直接生产领域，资本是剩余劳动的吸取者，这时候，劳资关系看过去还是简单的，但实际上并不简单。随着相对剩余价值生产的发展，劳动的社会生产力也在发展，这种劳动的社会生产力的发展以及劳动者在直接劳动过程中的社会联系，好像都由劳动转移到资本身上了。资本已经变为一种非常神秘的东西，因为劳动的一切社会生产力都表现为资本所有，好像是从资本自身生产出来的力量。随后，流通过程插进来了。这时候，商品生产中包含的价值和剩余价值都必须在流通过程中才能实现。于是，剩余价值似乎不是单纯在流通中实现，而是从流通中产生出来的。这种假象由于两种情况而得到加强：一是商业利润是让渡利润，而让渡利润的多少取决于欺骗、狡诈、知情、机灵以及市场行情的千变万化；二是由于流通时间的加入。流通时间只是对价值和剩余价值的形成起消极限制的作用，但是它具有一种假象，好像它和劳动一样是个积极的原因，也能产生利润。因此，流通领域表现为竞争领域，利润是通过竞争来实现的，在这个领域是偶然性占统治地位。只有在对这些偶然性进行大量概况的基础上，才能看到这些偶然性背后的内部规律，而这些规律对于单个的生产当事人来说是看不出来，不能理解的。资本主义生产总过程又会产生出种种新的形态，这些形态出现后，内部联系的线索就越来越消失，各种生产关系越来越互相独立，各种价值组成部分就越来越硬化为互相独立的形式。这里，主要的新形态首先是利润的平均化。利润平均化使商品的平均价格同它们的价值相分离，这就掩盖了资本主义剥削。平均利润好像是资本所固有的，等量资本要求获得等量利润。其次，出现商业资本和商业利润。商业利润包括商品经营利润和货币经营利润。这两种利润都是以流通为基础，好像完全从流通中产生，而不是从生产过程中产生。接着，出现借贷资本。利润被分割为利息和企业主收入。利息的出现完成了剩余价值形式的独立化，完成了剩余价值的形式对于它的实体、对于它的本质的硬化。企业主收入完全从资本本身中分离出来，表现为不是来自于剥削雇佣劳动的职能，而是来自资本家本身从事的雇佣劳动；利息与工人的雇佣劳动无关，与产业资本家的劳动无关，而是来自作为其独立源泉的资本。因此，资本在流通领域里表现为资本物神，表现为创造价值的价值，那么，在生息资本形式上，资本就表现为资本拜物教了。因此，资本—利息这个公式比资本—利润这个公式更彻底，在这个公式中，人们完全想不起利息的起源。再次，出现土地所有权。土地所有者阶级不参加劳动，又不直接剥削雇佣工人，因此，这里，剩余价值好像不是直接和社会关系连接在一起，而是直接和土地这么一个自然要素联系在一起，于是，剩余价值各个部分互相异化和硬化的形式就完成了，剩余价值的源泉被完全掩盖了起来。因此，在三位一体公式中，资本主义生产方式的神秘化，社会关系的物化，物质的生产关系和它们的历史规定性的直接融合已经完成。

因此，三位一体公式掩盖了资本主义的剥削关系。在这个公式中，由劳动创造的价值和剩余价值，转化为工资、利润和地租这三个收入形式，这三个收入形式成为收入的实体。资本成为利润的源泉，土地成为地租的源泉，劳动是工资的源泉，这就掩盖了资本主义剥削关系。人与人之间的社会关系就转变为纯粹的自然关系。这完全是从现象来看问题，而没有从本质上看问题，是完全错误的。

二、对斯密教条的进一步批判

1. 问题的提出

利润加上地租，等于全部已实现的剩余价值。工资，等于资本的可变组成部分。因此，年产品中由工人在一年内创造的总价值部分，表现为三种收入的年价值总额，因此，在这里很明显，一年内所创造的产品价值中没有再生产出的不变资本部分的价值。而在各种收入借以消费的年产品价值中，包含不变资本价值部分，其价值=工资+利润+地租+C（代表其中的不变资本价值部分）。那么，这里，只同工资+利润+地租相等的一年内生产的价值，怎么能够买到一个价值等于工资+利润+地租+C 的产品？一年内生产的价值，怎么能够买到一个比这个价值本身有更大价值的产品呢？同时，预付资本中以原料和辅助材料形式存在的不变部分，会完全加入新产品，而劳动资料的一部分则会完全消费掉，另一部分只是部分地消费掉，因此，它的价值只有一部分在生产中消费掉。所有这些在生产中消费掉的不变资本部分，必须在实物上得到补偿。那么，假定其他条件不变，它就要花费掉同以前一样多的劳动力来加以补偿？也就是说，必须用一个相等的价值来加以补偿，那么，谁应当去完成这种劳动，又是谁完成这种劳动的？也就是说，所费的不变资本是如何实现实物补偿和价值补偿的？这两个问题，马克思在《资本论》第二卷第三篇考察社会资本再生产时已经解决了。但是，当时，剩余价值还没有转化为利润和地租，同时，正是在工资、利润和地租形式的分析上，包含着亚当·斯密以来贯穿整个政治经济学的令人难以置信的错误。

2. 对社会资本再生产的分析

（1）两大部类之间的交换。在《资本论》第二卷第三篇，马克思把全部资本分为两大部类：生产资料部类（第Ⅰ部类）和生活资料部类（第Ⅱ部类）。生产资料部类是只投在生产上消费的产品，生活资料部类的产品只用于个人消费。在第Ⅱ部类，工资、利润和地租就直接花费在这个部类的产品上，也就是说，收入是耗费在这个部类的产品上。从价值方面来看，产品由三个部分组成：第一个组成部分是耗费的不变资本价值；第二个组成部分是等于生产中预付的可变资本部分，即支付工资的资本部分价值，第三个组成部分是剩余价值，也就是等于利润加地租。在第Ⅰ部类，产品也是由这三个部分组成，但是，这里形成收入的部分，即工资+利润+地租，不是在本部类消费，而是要在生活资料部类的产品消费，因此，通过第Ⅰ部类 V+M 和第Ⅱ部类 C 的交换来实现价值补偿和实物补偿。第Ⅰ部类的 C 则是在本部类内部通过资本家相互之间的交换实现价值补偿和实物补偿。

因此，每年商品产品的价值，会分解为两个价值组成部分：一个部分是补偿预付不变资本 A，另一个部分是表现为工资、利润和地租这种收入形式的B。A不采取收入的形式，而是以资本的形式流回。B本身又分为利润、地租和工资这三个部分，这三者都是收入的形式。工资体现着有酬劳动，利润和地租体现着无酬劳动。产品中代表已经支出的工资的价值部分，首先作为可变资本流回。这个组成部分执行双重职能：它先以资本的形式存在，并且作为资本和劳动力交换。然后，在工人手里，作为收入转化为生活资料消费掉。因此，再生产中要转化为工资的那部分产品价值，首先以可变资本的形式，流回到资本家手中。它以这种形式流回，是劳动作为雇佣劳动、生产资料作为资本、生产过程本身作为资本主义生产过程不断重新再生产出来的一个重要条件。

（2）区分总收益、纯收益、总收入和纯收入。总收益或总产品是再生产出来的全部产品，总产品价值等于耗费掉的不变资本和可变资本价值加上分解为利润和地租的剩余价值。社会总产品等于构成不变资本和可变资本的物质要素加上表现为利润和地租的那种剩余产品的物质要素。

总收入是总生产中扣除了补偿预付的并在生产中消费掉的不变资本价值和由该部分价值计量的产品后，总产品中余下的价值部分和由这个价值部分计量的产品部分。因而，总收入等于工资加利润加地租。但是，纯收入等于剩余价值，因而是剩余产品。单个资本家的产品和社会总产品之间的差别在于，就单个资本家而言，纯收入不等于总收入，因为纯收入不包括工资，而总收入则包括工资。

萨伊认为，全部年产品，对一个国家来说都分解为纯收益，或者同纯收益没有差别。这是斯密教条的必然和最后的表现。这种说法是不正确的。对于单个资本家来说，他的一部分产品必须再转化为资本，一部分转化为可变资本，另一部分转变为不变资本。但是，对于社会再生产而言，这种对单个资本正确的说法一旦从整体上考察却会发生困难。斯密教条认为，作为收入形式消费的全部产品部分的价值归结为三种收入价值，但是，这里的产品价值部分却包含不变资本部分，因此，产品价值不可能以收入的价值为界限。这个困难被绕过去了，斯密认为，商品价值只是从表面看由C、V、M三个部分组成。对一个人表现为收入的东西，对另一个人会形成资本。这种说法不可能揭示价格的各种简单要素的秘密，只是满足与恶性循环和无穷无尽的推论。结果是，表现为不变资本的东西，可以分解为工资、利润和地租，表现为工资、利润和地租的商品价值，又是由工资、利润和地租来决定的，以此类推，无穷无尽。斯密教条的另一种说法是：消费者必须最终对总产品的全部价值进行支付，或者说生产者和消费者之间的货币流通，最终必须同生产者彼此之间的货币流通相等。

（3）对错误原因的分析。导致发生这种错误的原因是：

第一，不理解不变资本和可变资本的基本关系，因而不理解剩余价值的性质，从而不理解资本主义生产方式的整个基础。

第二，不理解劳动在追加新价值时，以何种方式在新形式上把旧价值保存下来，而不是把这个旧价值重新生产下来。

第三，不理解再生产过程从总资本而不是从单个资本来看时表现出来的联系，因而不理解工资和剩余价值，如何能补偿它的不变资本价值部分，同时又分解为各种收入的价值。

第四，收入和资本这两个固定的规定会互相交换，以致从单个资本家的角度出发，它们似乎是相对的规定，而在考察整个生产过程时，它们似乎消失了。例如，生产不变资本的第Ⅰ部类的工人和资本家的收入，在价值和物质两方面补偿生产消费资料的第Ⅱ部类的资本家的不变资本。因此，人们说，对一个人来说是收入的东西，对另一个人来说则是资本。因此，这些规定和商品价值的各个组成部分的实际独立化毫无关系。同时，由于商品在一年内要通过不同的阶段，在一个阶段，它们形成可变资本的一部分，在另一个阶段，它们供个人消费，因而加入收入，因此，就误以为会发生可变资本和收入的交换。工人用工资购买商品中形成他的收入的部分。因此，他同时使资本家的可变资本的货币形式得到补偿。

第五，除了价值转化为生产价格造成混乱，剩余价值转化为利润和地租，还会出现进一步的混乱。

一是价值组成部分好像不是由商品的价值分解而成，而是这些组成部分组合在一起才形成商品的价值。这就形成了一个美妙的恶性循环：商品的价值来自工资、利润和地租的价值总和，而工资、利润和地租又是由商品价值决定的。

二是在资本积累过程中，剩余劳动生产的剩余产品转化为资本的现象会不断发生。这种剩余价值资本化的现象，会使人产生一种错误的观念：好像商品的全部价值都来自收入。实际上，如果仔细分析，由利润到资本的再转化表明，不断以收入形式表现出来的追加劳动，并非用来保持或再生产旧的资本价值，而是用来创造新的多余的资本，只要这一劳动不是作为收入被消费掉。因此，新追加劳动实际上分为收入和资本两部分，即分为消费资料和追加的生产资料。因此，新追加劳动总是有一部分被吸收来再生产和补偿已经消费掉的不变资本，但是这里容易忽视两点，一是这个劳动的产品有一部分价值并不是这个新追加劳动的产品，而是已有的并且已经耗费的不变资本，因此，这个耗费的不变资本不会转化为收入，而是以实物形式补偿不变资本的生产资料；二是真正代表这个新追加劳动的价值部分，不是在实物形态上作为收入被消费，而是补偿第Ⅰ部类的不变资本，在那里，不变资本被转化为可以作为收入来消费的实物形式，但这个实物形式不完全是新追加劳动的产品。剩余劳动转化为新的追加生产资料，这个在价值形式上表现为由利润转化为资本。这种剩余劳动必须首先经过一个表现为收入的阶段，只是表明剩余劳动或剩余产品是由非劳动者占有。但是，实际上转化为资本的东西，并不是利润本身。利润，也不是这个新资本的源泉，只有劳动才是这个新资本的源泉。

施托尔希指出，形成国民收入各种可出售的产品，在对个人的关系上应看作价值，在对国民的关系上应看作财富，因此，国民收入是按照它的效用来估计的。这种说法是错误的。这是把资本主义生产方式的国家看作一个单纯为了满足国民需要而工作的总体，这是错误的抽象。

第二节　马克思分配理论的主要内容

一、竞争的假象

1. 商品中新创造价值不随工资、利润和地租的分配比例而变化

商品价值包括 C、V、M 三个部分，这中间，V+M 构成劳动新创造价值，这个新创造价值分解为三个部分，即工资、利润和地租。不论这三个部分的分配比例如何，由劳动新创造价值都不会改变。例如，假定两个资本，不论两者的资本有机构成如何，如果两个资本所推动的劳动创造的新价值是 250，则不论可变资本和剩余价值如何分割，新创造的价值量都是不会改变的。而且，工资、利润和地租的变动，不管调节这些部分相互间比例的各种规律会起什么作用，只能在 250 所划定的界限内进行。这里，存在的例外情况就是地租以垄断价格为基础时。在这种场合，如果我们考察产品本身，则不同的是剩余价值的分割，如果考察与其他商品相比较的相对价值，则其他商品的剩余价值，会有一部分转移到这种特殊的商品上来。

这里存在一些情况，可以说明新创造的价值变化与三种收入分割的比例变化无关：

（1）劳动生产率降低导致工人的工资提高，这时，工人劳动创造的新价值仍然不变，但是，体现这个劳动量的产品量会减少，因而产品每个相应部分的价格会提高。如果产品加入不变资本，则不变资本会变贵。这里，劳动生产率降低是商品变贵的原因，但是，却产生了一种假象，以为工资提高才使产品变贵。

（2）由于生产资料价值提高或降低从而引起不变资本价值提高或降低，从而引起商品价值的提高或降低。例如，450c+100v+150m 的产品价值是 700，而 350c+100v+150m 的产品价值是 600，这里，商品价值由 700 变为 600，但

劳动新创造的价值仍然是250，没有发生变化。

（3）如果商品涨价或者跌价，引起工资的价值增加或者减少，也就是说，由于投资所使用的劳动生产率降低或者提高导致商品涨价或者跌价，则会影响产品价值。这时，工资涨落是商品价格涨落的结果，而不是原因。

（4）如果可变资本的提高，即由100v+150m提高到150v+100m的变化，不是由于本部门劳动生产率降低引起的，而是由于为工人提供粮食的农业的劳动生产率降低的结果，则产品价值保持不变。

（5）由于不变资本的支出减少了，就会使劳动生产率提高，使工人的生活资料便宜，工资减少，剩余价值增加。在这种情况下，工资、利润的比例发生变化，但新创造的商品价值量不变。

因此，每年由新追加劳动追加到生产资料的价值，分解为工资、利润和地租这些不同的收入形式，这不会改变价值本身界限，不会改变这些范畴的价值总和。

2. 各个范畴之间相互比例变化不会改变这些部分的总和，不会改变这个既定的价值量

商品各价值部分总和的绝对界限是已定的。同时，就各个范畴本身来说，它们平均起调节作用的界限也是已定的。工资是这种界限的基础。一方面，工资由自然规律调节，工资的最低限度由工人维持和再生产自己的劳动力在身体上所必需的生活资料的最低限度规定。在每个国家，这个起调节作用的平均工资都是一个已定的量。因此，其他一切收入的价值的界限也就定了。剩余价值的界限是由无酬劳动所借以表现的价值的界限决定的。因此，当工作日不变时，形成剩余价值的绝对界限也就定了，进而利润率也就定了。社会利润按这个界限在不同生产部门之间的投资进行分配，就产生了社会生产价格。这个社会生产价格，没有使价值决定价格的性质消失，也没有使利润的合乎规律的界限消失，市场价格固然会高于或者低于这个起调节作用的生产价格，但是这些变动会互相抵消。同时，从现象中可以看出，各次偏离的界限比较狭窄，各次偏离的平衡具有规律性。

如果剩余价值平均化过程中，遇到人为的垄断或自然垄断的障碍，以致有可能形成一个高于生产价格的垄断价格，则由商品价值规定的界限也不会消失。某些商品的垄断价格，不过是其他商品生产者的一部分利润转移过来的。剩余价值在不同生产部门之间的分配，会间接受到局部的干扰，但这种干扰并不会改变剩余价值本身的界限。

因此，剩余价值分割为利润和地租，也会在调节利润率平均化过程的各个规律上遇到这种界限。就利润分割为利息和企业主收入而言，平均利润本身就是这二者总和的界限。平均利润提供一定量的价值由它们分割，并且也只有这个量才能分割。

因此，不管工资、利润、地租相互间的相对量如何，商品价值是工资、利润、地租的整体。由劳动新创造的价值总和构成的界限是已定的，这三者只能在这个界限内进行分割。

3. 工资、利润和地租的总量产生、限制和决定价值量的说法是错误的

（1）这种说法否认了不变资本价值的存在，而不变资本价值则是不能分解为工资、利润和地租的总和的。

（2）价值的概念在这里完全消失了。剩下的只是价格的观念：把一定数量的货币支付给劳动力、资本和土地所有者。但什么是货币？货币不是物，而是价值的一定形式，因而以价值存在为前提。金银的价格，也是由工资、利润和地租决定的。因此，不能让工资、利润和地租与一定量的金银相等的办法来决定工资、利润和地租，这里存在同义反复。

就工资而言，假设说工资价格由劳动力供求决定。劳动力需求无非就是资本的需求，因此，对劳动的需求就等于资本的供给。要谈资本的供给，就必须知道什么是资本。资本无非是由商品和货币构成，而货币也是由商品构成，因此，资本是由商品构成的。按照假定，商品价值首先是由工资决定的。因此，工资是前提，可见，这里存在着循环论证。如果把竞争引入，假定劳动的供求相等，那么，工资由什么决定？只能说由竞争决定。而这里恰恰是假设供求已经抵消了竞争的作用。还有，如果使劳动的必要价格由工人的必要生活资料决定，但必要生活资料也是有价格的商品。因此，劳动价格由必要生活资料价格决定，而必要生活资料价格则由劳动价格决定，这里，也存在循环论证。

就利润而言，利润如何决定？由资本家之间的竞争决定吗？但这种竞争已经以利润的存在为前提。它假定同一个生产部门或者不同生产部门已经有不同的利润率，因此，竞争只能使利润率平均化，但竞争不能决定利润。因此，只能把利润解释为一个无法理解的方式决定的加价，它被加到在此之前已经由工资决定的商品价格上去。因此，竞争在这里成为说明经济学家所不理解的一切东西。

还有一种幻想，认为利润和地租这两个价格组成部分是由流通创造出来的，即通过出售产生的。而流通不会提供事先没有向它提供的东西。

因而，劳动新创造的价值分割为工资、利润和收入，这种分割，在资本主义生产的表面上，总是以颠倒的形式表现出来。这种混乱之所以产生：

第一，商品价值的各个组成部分是以独立的收入互相对立的，作为独立的收入，它们是与劳动、资本和土地这三种完全不同的生产要素发生关系，因而好像它们就是由这些东西产生的。

第二，在其他条件相同时，工资提高，利润会下降，因而会改变不同商品的生产价格，使其中一些上涨，另一些下降。因此，经验似乎表明，工资上涨，商品的平均价格会上涨。其次，劳动力价值是由必要生活资料价值决定，因此，后者上涨或下跌，前者也会上涨或下跌。因此，这里表明，工资和商品价格之间存在着某种联系。这些都证实了由于商品价值各个组成部分具有独立的颠倒形式所引起的假象。

第三，对于单个资本家而言，这种假象也必然会发生。因为在单个商品的现实运动中，不是商品价值表现为这种分割的前提，而是商品各个组成部分表现为商品价值的前提。对于每个资本家而言，商品的成本价格表现为一个已定的量，并且在现实的生产价格上总是表现为一个已定的量。工资是由契约事先约定的，它表现为已定的量，预先决定商品的总价值。平均利润在实践中会在资本家本人的观念和计算上成为一个起调节作用的要素。所以，平均利润不是价值分割的结果，相反，却是和商品产品的价值无关的、预先决定着商品本身的平均价格的量，也就是说，是价值的形成要素。同时，利息在任何一个瞬间，对于任何一个资本家而言，也是一个已定的量，地租也是事先由契约决定的。因此，这些由商品价值分割带来的产物不断表现为价值形成本身的前提。这表明，资本主义生产方式，不仅不断再生产物质产品，而且也不断再生产社会的经济关系，即再生产物质产品形成上的经济的形式规定性。因此，它的结果会不断表现为它的前提。

同时，对于不变资本价值而言，这里的不变资本价值也不外乎是一些商品的总和，因而也不外乎是一些商品价值的总和，因而，才会得到不变资本价值也是由工资、利润和地租构成的，也就是说，商品的价值是商品价值的形成要素和原因。

第四，商品是否按照价值出售，因而价值决定本身，对于单个资本家而言是无关紧要的。价值决定是由各种和它无关的力量来进行的过程，他之所以对于价值决定感兴趣，只是因为这会提高或降低商品的生产费用。对于资本家而言，工资、利息和地租就是商品价格的起限定作用、因而起创造作用和决定作用的因素。例如，如果他能够压低工资，那么，他是否低于产品价值出售商品对于他来说完全是无关紧要的。同样，对于一个国家而言，如果一个国家资本主义生产方式不发展，因此，工资和土地价格低廉，另一个国家工资和土地价格名义上很高，但资本的利息却很低，因此，资本家在前一国家会使用较多的土地和劳动，在后一国家会使用较多的资本。在估计两个国家之间多大程度上发生竞争时，这些因素是起决定作用的因素。因此，在这里，经验也表明，商品价格是由工资、利息和地租决定的。

第五，在资本主义生产方式的基础上，价值分割为工资、利润和地租这三个部分，这个方法在这几种收入形式的存在条件不具备的地方，也会被人应用。好像一个独立劳动者的劳动创造的新价值也可以分为三个部分，社会主义社会劳动者生产创造的价值也可以分为这三个部分。

二、分配关系和生产关系

1. 分配关系具有历史的暂时的性质

每年新追加劳动创造的价值分为三个部分，采取三种不同的收入形式，这些形式表明，工资归劳动者所有，利润归资本家所有，地租归土地所有者所有。这就是分配关系，因为它们表示出新生产的总价值在不同生产要素所有者之间进行分配的关系。

按照通常的看法，这些分配关系被认为是自然的关系，是从一切社会生产的性质、从人类生产本身的各种规律中产生出来的关系。不能否认，资本主义社会之前的社会出现过其他的分配方式，但这些分配方式被说成是这种自然分配关系未发展、未完成的方式。分配关系本身具有不变的、因而与历史发展无关的性质。

这种说法有一点正确，就是指明任何劳动产品可以分为两个部分：一个部分供劳动者及其家属个人消费，另一部分是剩余产品，满足一般的社会需要。除此之外，这种说法否认了分配关系的历史发展性。资本主义生产方式是一种特殊的、具有独特历史规定性的生产方式。这种生产方式把社会生产力及其发展形式的一个既定阶段作为自己的历史条件，这个条件又是一个先行过程的历史结果的产物，并且是新生产方式产生的既定基础。同这种独特的生产方式相适应的生产关系，具有一种独特的、历史的和暂时的性质，分配关系本质上是这些生产关系的反面，所以，分配关系具有历史的暂时的性质。

在考察分配关系时，不能从年产品分为工资、利润和地租这样的事实出发。要考察分配关系，首先要理解生产关系。生产关系决定分配关系。产品一方面分为资本，另一方面分为各种收入。工资，总是先以资本形式同工人相对立，然后才取得收入的形式。劳动条件和劳动产品总是作为资本同直接生产者相对立表明，物质劳动条件和工人相对立而具有一定的社会性质，因此，工人同资本家之间并且工人彼此之间，是处于一定的关系中。这些劳动条件转化为资本，又意味着直接劳动者被剥夺了土地，因而存在一定的土地所有权形式。资本主义生产不仅生产出物质的产品，而且不断再生产出劳资关系，因而也不断再生产出相应的分配关系。

这里要区分两种分配关系：一种分配关系，是在生产关系内部由生产关系当事人同直接生产者的对立中所执行的那些特殊社会职能的分配，这种分配关系赋予生产条件本身及其代表以特殊的社会的质。在资本主义社会中，要有资本，就要求劳动者被剥夺了劳动条件，另外一些人拥有土地所有者，也就是要有资本的原始积累。离开原始积累，离开了生产资料所有权的分配，就不能产生资本主义社会。它们决定着生产的全部性质和全部运动。另一种分配关系就是个人消费品的分配。

2. 资本主义生产方式的两个特征

这两个特征是：

（1）它生产的产品是商品。与其他生产方式不同的是，成为商品是它的产品占统治地位的性质。这意味着，工人只是劳动力商品，工人的劳动是雇佣劳动。这种生产方式的当事人、资本家和雇佣工人，本身不过是资本和雇佣劳动的体现者、人格化，是由社会生产过程加在个人身上的一定的社会性质，是这些一定社会关系的产物。

商品作为资本产品的性质已经包含着一切流通关系，这种性质也包含着生产当事人之间的一定关系，这种关系决定着他们产品的价值实现和产品到生产资料或生活资料的转化。从产品作为商品的性质，就会得出全部价值决定和价值对全部生产的调节作用，即价值规律是商品经济的基本规律。在商品形式上，劳动的分配，劳动产品的相互补充，却听任资本主义生产者偶然的、互相抵消的冲动去摆布。所以，内在规律只有通过竞争才能实现，正是通过这种竞争的压力，各种偏离才得以互相抵消。价值规律不过是作为内在规律，对单个当事人的盲目自然规律起作用，并且在生产的不断波动中实现生产的社会平衡。同时，在商品中，已经包含着作为整个资本主义生产方式特征的社会生产规定的物化和生产的物质基础的主体化。

（2）剩余价值生产是生产的直接目的和决定动机。资本本质上是生产资本的。这种为了价值和剩余价值而进行的生产，包含着一种不断发生作用的趋势，就是要把生产商品所需要的劳动时间，缩减到当时的社会平均水平以下。这里，劳动生产力的提高表现为资本生产力的不断提高。资本家在直接生产过程中所取得的权威和建立在奴隶生产、农奴生产等基础上的权威有重大的区别。对于直接生产者而言，工人的劳动是以实行严格管理的权威形式、以等级组织的社会机制出现，这与奴隶或农奴生产是建立在政治统治者或者神权政体的统治者权威基础上是不同的，但是，在资本家之间，占统治地位的却是极端无政府状态，在这种状态下，生产的社会联系只是表现为对于个人随意性起压倒性作用的自然规律。同时，由于劳动采取雇佣劳动的形式，生产资料采取资本的形式，价值的一部分才表现为剩余价值。

3. 资本主义分配关系是资本主义生产关系的表现

工资以雇佣劳动为前提，利润以资本为前提，因此，一定的分配形式是以生产条件一定的社会性质和生产当事人之间一定的生产关系为前提的，因此，一定的分配关系是历史地规定的生产关系的表现。

以利润而言，利润是资本主义生产中新形成生产资料的前提，是一种支配再生产的关系。虽然资本家个人可以把利润全部用于个人消费，但实际上他会碰到限制，他总要把利润的一部分用于保险基金和准备金，因此，利润不只是个人消费品的分配范畴。同时，就生产价格而言，这又是由利润率的平均化和与之相适应的资本在不同生产部门之间的分配来调节的。因此，利润不是表现产品分配的主要因素，而是表现为产品生产本身的主要因素，即资本和劳动在不同生产部门之间分配的因素。利润分割为企业主收入和利息，首先是由于资本的发展，由于占统治地位的生产过程这种一定的社会形式的发展。这种分割本身发展出信用和信用制度，因而也发展出生产的形式。在利息等分配形式上，这些分配形式是作为决定的生产要素加入价格的。

对于地租而言，它能够表现为分配的形式，是因为土地所有权本身在生产过程中不执行职能，至少不执行正常的职能。但是，地租表现为超过平均利润的余额，土地所有者从生产过程和整个社会生活过程的操纵者降为单纯的土地出租人，却是资本主义生产方式独特的历史产物。土地取得土地所有权的形式，是资本主义生产方式的历史前提。尽管人们可以把其他社会形式中土地所有者的收入称为地租，但那种地租和资本主义生产方式出现的地租有本质的区别。

因此，分配关系是同生产过程的历史地规定的特殊社会形式以及人们在他们的再生产过程中相互所处的关系相适应的，并且是由这些形式和关系产生的。分配关系的历史性质就是生产关系的历史性质，分配关系是表现生产关系的一个方面。每一种分配形式，都会随着产生并且与之相适应的生产形式的消失而消失。如果只把分配关系看作历史的，而不把生产关系看作历史的，这实际上是把社会生产过程同鲁滨逊之类的在没有任何社会帮助的简单劳动过程相混同。劳动过程的简单要素是一切社会发展形式所共有的，但劳动过程的历史形式，都会进一步发展这个过程的物质基础和社会形式。这个一定的历史形式达到一定的成熟阶段就会被抛弃，并且让位给较高级的形式。分配关系，从而生产关系，同生产力即生产能力及其要素的发展这两个方面的矛盾和对立一旦有了深度和广度，危机时刻就会到来。生产的物质发展和生产的社会形式就会发生冲突，从而引发社会革命。

三、阶级

雇佣劳动者、资本家和土地所有者形成建立在资本主义生产方式基础上的现代社会的三大阶级。在英国，现代社会的经济结构已经达到最高度的、最典型的发展。但是，即使在英国，这种阶级结构也没有以纯粹的形式表现出来。一些中间和过渡的阶层使三大阶级的界限规定模糊起来。随着资本主义生产的发展，生产资料越来越同劳动分离，分散的生产资料越来越大量积聚在一起，从而使劳动转化为雇佣劳动，使生产资料转化为资本。另一方面，土地所有权同资本和劳动相分离而独立，一切土地所有权都转化为同资本主义生产方式相适应的土地所有权形式。

什么形成阶级？什么使雇佣工人、资本家和土地所有者成为社会三大阶级的成员？从现象上看，好像是收入和收入源泉的同一性。三大阶级成员，分别靠工资、利润和地租生活，这导致了阶级的形成。但如果从这个观点来看，那么，医生和官吏也形成两个阶级，因为他们分属于两个不同的社会集团，每个集团成员的收入都来自同一源泉。所以，不能以收入来源来划分阶级。把收入来源放在首位，就是把分配关系放在首位，这是错误的。阶级划分的标志在于人们在社会生产中所处的地位，因而也就是它们对生产资料的关系。占有生产资料是资产阶级的特点，无产阶级的特点则是不占有生产资料，而是出卖自己的劳动力。因此，“所谓阶级，就是这样一些大的集团，这些集团在历史上一定的社会生产体系中所处的地位不同，对生产资料的关系（这种关系大部分是在法律上明文规定了的）不同，在社会劳动组织中所起的作用不同，因而取得归自己支配的那份社会财富的方式和多寡也不同。所谓阶级，就是这样一些集团，由于它们在一定社会经济结构中所处的地位不同，其中一个集团能够占有另一个集团的劳动”。①

第三节　对马克思分配理论的不同见解

一、关于当前我国按劳分配性质的不同见解

社会主义初级阶段条件下，我国的分配制度以按劳分配为主体，多种分配方式并存。对于如何理解当前条件下我国按劳分配的性质，学术界有争论。一种观点认为我国当前所讲的按劳分配就是马克思所论述的按劳分配，两者在实质上没有区别。另一种观点认为我国当前的按劳分配与马克思所论述的按劳分配在实质和内容上有很大的区别。

马克思指出，分配有两种：一种是生产要素的分配。生产要素的分配包括生产工具的分配和社会成员在各类生产之间的分配，所以，生产要素的分配本身就是生产的组成部分，它就包含在生产过程中并且决定生产的结构，其前提条件是生产要素所有权的分配。另一种是产品的分配。按劳分配指的是产品的分配。在市场经济条件下，产品的分配是以货币为媒介进行的，要分配产品，只有先把产品卖出去，换回货币，然后才能谈分配。谁拥有的货币多，收入多，那么，谁分配的产品就多，所以，在市场经济条件下，产品

① 列宁：《伟大的创举》，《列宁全集》第37卷，人民出版社1986年版，第13页。

分配就表现为收入分配。马克思设想，在社会主义条件下，由于已经取消货币，分配就直接是产品的分配。

在资本主义生产方式下由于存在剥削，其分配方式是不公平的，所以，马克思才提出要消灭资本主义社会，建立社会主义社会，进而最终建立共产主义社会。社会主义社会条件下实行按劳分配。关于按劳分配，要把握三点：第一，按劳分配的前提是生产资料公有制。在马克思所设想的公有制社会中，由于已经消灭了商品货币关系，所以，产品不需要通过交换，不需要以货币为媒介，生产出来的产品直接就可以进行分配。第二，按劳分配不等于劳动者生产出来的产品全部都要分配给劳动者。马克思指出，劳动者生产出来的产品要经过六项扣除后，剩下的产品才能分给劳动者。这六项扣除包括用来补偿生产上消耗掉的生产资料部分，用来扩大生产的追加部分，用来应付不幸事故、自然灾害等的后备基金和保险基金，一般管理费用，学校、保健设施等用来满足共同需要的部分，为丧失劳动能力的人设立的基金等等。所以，按劳分配不是吃光分光，不是什么都给劳动者，从这六项扣除中可以知道，公有制企业生产出来的产品，除了前两项扣除是要留给公有制企业用来满足简单再生产和扩大再生产的需要，剩下的四项不能留给公有制企业，而要给国家用来满足社会需要。第三，按劳分配不等于平均分配。按劳分配是一种形式的劳动和另一种形式的劳动相交换，分配的依据是多劳多得。谁的劳动时间长、强度大，那么，谁就应该分得多。所以，按劳分配是平等的，这是就分配的尺度而言，但是，对于不同劳动能力的人而言，所获得的劳动产品仍然是不平等的。所以，按劳分配不是平均分配，吃大锅饭，这里的权利仍然表现为资产阶级权利。

我国现阶段的按劳分配与马克思所设想的按劳分配形式相比，存在一些不同的特点：一是按劳分配不是在全社会范围内按照统一的标准来实现，而只是在公有制企业内部实行按劳分配。二是对劳动者按劳分配的形式，不是采取劳动凭证、由劳动者直接领取消费品的形式，而是通过市场化的形式，通过工资、奖金等形式向劳动者发放货币工资，再由劳动者用货币到市场购买消费品。在此条件下，按劳分配的实现程度受市场的制约。当国有企业产品销路好时，按劳分配的实现程度就高，反之，当国有企业效益不好，则劳动者的劳动报酬就会受到影响。

因此，我国现阶段的按劳分配与马克思所设想的按劳分配有很大的不同，两者不能直接画等号。

二、关于“第三次分配”的争论

当前，有观点将慈善活动理解为第三次分配。之所以提出第三次分配，是因为在当前收入分配差距扩大的背景下，富人如何支配和使用自己的财产不仅成为社会热点，而且也成为政治议题。这种观点认为，第一次分配是市场主导下的分配，主要是提高效率；第二次分配是政府主导下的分配，主要是实现公平，第三次分配则是民间自愿基础上的分配，属于慈善活动。这三次分配中，第二次分配是要纠正市场分配的缺陷，第三次分配则是弥补政府分配的不足。

不可否认，社会需要在政府之外形成收入再分配体系，需要在道德力量的支配下，通过社会公益组织以自愿捐赠等方式，资助社会困难群体，使社会分配更趋公平。但如果将民间慈善事业突出为第三次分配，在理论上值得商榷。根据马克思的分配理论，在收入分配上只存在初次分配和再分配。初次分配是以市场主导的分配，再分配是非市场主导的分配，它的分配主体主要是政府，但也不排除其他分配主体。所以，如果引进第三次分配，理论上就很难区分第一次分配、第二次分配和第三次分配的差别。实际上，不管是第二次分配还是第三次分配，虽然其分配的主体有差别，但是，它们都属于再分配，两者都具有促进分配公平的意义。

第三次分配的观点有否定政府在我国慈善事业中主导作用的倾向。改革开放以来，我国慈善事业呈现良好的发展态势，但同发达国家相比，总体上还处在初级阶段，在慈善规模、慈善组织、捐赠机制、法律制度等方面还需要进一步加强和完善。我国的慈善事业要进一步发展，离不开政府的主导和推动作用。同时，就现实而言，我国慈善组织中有相当一部分是依托于各级民政部门建立或者是从民政部门中分化出来的，与政府部门有很强的联系。如果片面突出第三次分配，强调民间组织在慈善事业中的主导作用，不仅与现状不符，而且，也不利于发挥政府对慈善事业的主导和推动作用。同时，“第三次分配”观点不利于慈善事业的健康成长。当前谈论第三次分配，其关注点在于将慈善事业和富人联系起来，从而有可能在全社会形成“慈善是富人的专利”的观念。这种观念一旦形成，对慈善事业的发展是相当有害的。美、日等发达国家慈善捐赠80%来自民间，相反，中国仅有10%的捐赠来自普通百姓。所以，慈善事业要健康发展，平民慈善是关键。建立平民慈善机制、捐赠服务程序和标准是推动慈善事业长期健康发展的不竭动力。

因此，富人做慈善事业，对于缓解收入分配差距、引领全社会树立正确的财富观、人生观和价值观具有积极的作用，但是，凡事都有个度。如果将这种作用过分拔高，甚至将其在理论上上升到第三次分配的高度，则不但会引起思想上的混乱，而且不利于界定政府和社会各界在慈善事业中的正确定位，最终损害的是慈善事业本身。

第四节　马克思分配理论的现实意义

当前，我国收入分配领域仍存在一些亟待解决的突出问题，城乡区域发展差距和居民收入分配差距依然较大，收入分配秩序不规范，隐性收入、非法收入问题比较突出，部分群众生活比较困难。因此，深化收入分配体制改革，发挥分配对经济发展的促进作用，是我国当前经济体制改革的重要任务。为此要做到：

一、建立健全现代产权制度，大力发展生产要素市场

剩余价值分配理论指出资本家获得利润，土地所有者获得地租，劳动者

获得工资。资本、劳动和土地是生产中必不可少的三个生产要素。因为要开一个工厂，总是要有土地、机器设备这些物的要素和工人这些人的要素。如果没有这些要素的共同作用，也就不可能生产出产品。没有产品，要素所有者也就不可能获得收益。因此，资本家获得利润，土地所有者获得地租，劳动者获得工资实际上指出分配是按生产要素分配。

按生产要素分配的根据在于所有权。任何人掌握要素，他的目的就是要利用这个要素去获利。比如说，地主掌握这块土地，资本家要在这块土地上投资办厂，当然就要付给地主地租。所以，地租是土地所有权在经济上的实现形式。同样，资本家缺钱向银行贷款，银行借钱给资本家，资本家只是获得资金的使用权，而资金的所有权还是在银行手里。这样，企业就得付给银行利息。可见，收益是和产权紧密联系的。按要素分配的根据在于所有权。

既然收益是和产权紧密联系的，那么，在实践中就要建立健全现代产权制度。只有这样，才能保证所有者凭借产权获得其应有的收入。根据中共十八届三中全会精神，要健全现代产权制度，总的思路就是要做到归属清晰，权责明确，保护严格，流转顺畅。这十六个字概括起来就是要做到三点：

（1）明晰产权。产权清晰是建立现代企业制度的基础。产权模糊，会导致经济发展的动力不足。但我们现在有的要素产权比如像土地就是模糊的。所以，在实践中要一步步规范，最终实现产权清晰。

（2）严格保护产权。要保护产权，其前提就是要明晰产权。因为一件东西你连主人都不知道是谁，那还怎么保护？只有明晰了产权，才能保护产权。否则，就会有漏洞可钻。在保护产权时，要注意不管是国家、集体还是私有财产，都要平等对待。

（3）允许产权自由流动。保护产权后，还要允许产权自由流动。因为要素所有者掌握要素的目的是要保值增值，这就要允许产权的自由流动，发展生产要素市场。

二、正确处理按劳分配与按要素分配的关系

我国现阶段的分配方式是按劳分配为主体，多种分配方式并存。那么，

剩余价值分配理论指出分配是按生产要素分配，那么，该如何处理按生产要素分配和按劳分配的关系呢？

按劳分配和按要素分配既有区别，又有共同点。两者的最主要区别在于他们所体现的所有制基础是不一样的。分配是和产权紧密联系的。按劳分配是公有制企业的分配原则，而按要素分配则是非公有制企业的分配原则。所以，就所有制基础而言，两者有区别的。同时，这两种分配方式又有共同之处。这两种分配都体现了按能力分配。按劳分配，就是按照劳动的数量与质量进行分配。劳动质量越高，劳动量越大，则分得就越多。可见，按劳分配是按劳动的能力进行分配。同样按要素分配也体现按能力分配。掌握的要素越多，做出的贡献越大，得到的就越多。可见，按劳分配和按要素分配体现的都是按能力分配的思想。所以说它们是统一的。

在现实中要处理好按要素分配和按劳分配的关系，关键是要在所有制结构上坚持公有制为主体、多种所有制经济共同发展的基本经济制度。只有坚持公有制为主体，多种所有制经济共同发展的基本经济制度，才能在分配上坚持按劳分配为主体，多种分配方式并存的分配体制。

三、正确处理效率与公平的关系

公平与效率是在讨论分配问题时经常提及的话题。公平与效率提供了判断分配体制优劣的标准。一种分配体制好不好，就看这种分配是否促进了效率的提升，是否实现了公平分配。

效率是指投入产出关系。投入少，产出多，就有效率。按要素分配是有效率的。因为这种分配方式将分配直接和所有权联系起来，有权就有利，谁投资，谁收益，投资的多少直接与其收益挂钩，这会充分调动所有者的积极性，使所有者为了获得更多的利而积极扩大生产。所以，按要素分配是有效率的。对于按要素分配是否公平，没有标准答案。如果说按要素分配是公平的，假设一个人一点能力都没有，如果遵循按要素分配的原则，那么，他什么都得不到。这时，按要素分配是不公平的。但是，从资产阶级的角度来看，如果按要素分配是不公平的，还有什么比“谁投资，谁收益”更合理的分配方式呢？因此，所谓公平，没有一个确切的定义。因为公平问题涉及价值判断，而不同的人从不同的价值观出发得出的公平理念必然是不同的。举个例子，现在收入分配悬殊，从富人的角度看，这是正常的，不存在所谓的不公平。但是，从广大劳动人民来看，则当前的收入分配悬殊就体现了社会不公平。所以，一旦讲公平问题，一定要清楚是站在什么立场上看问题。不同立场得出的公平观是不同的。所以，我们才说没有一个确切的公平定义。有多少种立场，就有多少种公平定义。但不管怎么看公平，收入分配差距过大都是分配不公的具体体现，这应该能够得到大多数人的认同。

改革开放30余年以来，我国的企业效率虽然与发达国家相比还有相当的差距，但和改革开放以前相比，总的来说有了很大的提高。因此，效率问题从目前来看不是问题的主要方面，而公平问题已经显得越来越突出。这主要表现在城乡之间、地区之间、行业之间的收入存在相当大的差距。因此，要采取措施解决收入差距悬殊问题。具体说来：

（1）要注重发展经济。这是解决公平问题的关键。为什么城乡之间、地区之间的收入水平有差距，最根本的原因还是不同地区之间的经济发展水平不一样。所以要解决收入问题，最终还是要靠经济实力来说话。这是最根本的。效率是公平的前提。有了效率，有了经济发展，解决公平问题才有物质基础。

（2）要规范分配秩序。规范分配秩序，就是指规范分配的程序、分配的规则。我国目前的收入分配秩序还不是很规范，因此，要进一步规范收入分配秩序，促进分配公平。

（3）要调节收入差距。目前，我国高、中、低三个群体之间的收入差距过大，因此，政府必须要高度重视调节收入差距。通过加快社会保障制度建设、税收调节、加大对垄断行业收入监管等措施来抑制收入差距过分悬殊，保证社会公平。

因此，注重发展经济，规范分配秩序，调节收入差距就是当前我国在处理公平与效率问题上所要坚持的三个基本原则。

第七章　马克思理论的“三个崭新因素”

马克思在 1868 年 1 月 8 日给恩格斯的一封信中谈到《资本论》具有三个崭新的因素：第一，过去的经济学家一开始就把地租、利润、利息等剩余价值的特殊形式当作已知的东西来研究，我首先研究剩余价值的一般形式。第二，过去的经济学家忽略了这样一个简单事实，既然商品是二重物，那么，体现在商品中的劳动也必然具有二重性，对问题的批判性理解的全部秘密就在这里。第三，工资第一次被描写为隐藏在它后面的一种关系的不合理的表现形式，这一点通过工资的两种形式即计时工资和计件工资得到确切说明。分析这三个崭新因素，对于理解马克思政治经济学如何批判地继承古典政治经济学具有重要意义。

第一节　马克思理论“三个崭新因素”的思想来源

一、古典政治经济学缺乏劳动二重性概念

配第是英国资产阶级古典政治经济学的创始人。他提出了自然价格和政治价格。所谓自然价格，就是商品的价值，政治价格是指商品的市场价格。他在研究价值问题时认识到劳动是商品价值的源泉。配第认为商品的价值是由它所耗费的劳动所决定的，可以用劳动时间测量商品的价值量。但是，由于缺乏劳动二重性概念，他混淆了价值规定。马克思指出，配第将价值的各

种规定混淆在一起，第一种是由等量劳动时间决定的价值量，在这里，劳动被看作价值的源泉。第二种是作为社会劳动形式的价值，货币表现为价值的真正形式。第三种是把作为交换价值源泉的劳动和作为以自然物质（土地）为前提的使用价值的源泉的劳动混为一谈。

布阿吉尔贝尔不是有意识地，但是事实上把商品的交换价值归结于劳动时间，因为他用各个人的劳动时间在各个特殊产业部门之间分配的正确比例来决定真正价值。但是，他狂热地反对货币，认为货币的干预导致商品交换的自然平衡或和谐被破坏。布阿吉尔贝尔事实上只看到财富的物质内容、使用价值、享受，他把劳动的资产阶级形式、使用价值作为商品来生产以及商品的交换过程，看成是个人劳动借以达到上述目的的合乎自然的社会形式。

重农学派认为社会财富就是从土地上生产出来的农产品，社会财富的真正源泉来自农业。魁奈认为，在充分竞争的条件下，交换是等价进行的。但他不能科学地解释等价交换的基础。所谓的等价交换实际上是指生产费用相同的商品交换，等价的基础是商品的生产费用。

斯密提出了 5 种价值决定理论，耗费劳动论、购买（支配）劳动论、劳动负效用论、生产成本（费用）价值论和支配力价值论。虽然斯密将 5 种价值决定理论混淆，但正如熊彼特在分析斯密价值理论时指出的：“从第六章中看得十分清楚，斯密是想用生产成本来解释商品价格”,[①] 斯密认为决定商品价值的是商品的生产费用，任何商品的价格都可以分解为工资、利润和地租。这是斯密价值决定理论的中心思想。因此，斯密实质上是用生产费用价值论分析商品价值决定。

李嘉图把劳动和货币混淆起来。他把价值称为交换价值或相对价值。相对价值有两种含义：一种是指由劳动时间决定的交换价值，另一种是指一个商品的交换价值表现在个别商品的使用价值上。可见，李嘉图将价值与交换价值的概念是混淆。他没有把价值从交换价值中抽象出来，因此，也就难以建立科学的商品二因素理论。

① 熊彼特：《经济分析史》第一卷，商务印书馆 1991 年版，第 286-287 页。

可见，古典政治经济学家都混淆了使用价值、交换价值、价值、价值形式的概念，这种混淆的根源在于缺乏劳动二重性概念，从而难以建立起科学的劳动价值论。马克思正是在批判继承前人学说的基础上，提出了劳动二重性概念，从而建立起科学的劳动价值论。

二、古典政治经济学不能揭示工资的本质

配第把工资和生活资料的价值联系起来。平均工资的价值由劳动者为了生活、劳动和延续后代所必需的东西所决定。配第指出，工人之所以要生产剩余产品，提供剩余劳动，不过是因为人们强迫他用尽他全部可以利用的劳动力，以使他本人得到仅仅最必要的生活资料。

斯密认为工资是劳动收入，劳动的产物构成劳动自然报酬或自然工资。在土地私有和资本积累以前的原始社会状态下，劳动的全部产物属于劳动者。但是，一旦有了资本积累和土地私有后，劳动者就必须和资本家、土地所有者共同分享劳动产品，工资只是劳动产品的一部分。这时候，工资是劳动的价格。劳动的价格有自然价格和市场价格之分。劳动的自然价格，即劳动者真实报酬，是劳动者所能购买的生活必需品和便利品的真实数量。劳动的市场价格，就是劳动的货币价格，取决于劳资双方在劳动市场上的竞争。

李嘉图把劳动看作商品。他指出，劳动正像一切可买卖并有数量增减的商品一样，有其自然价格和市场价格。劳动的自然价格是在增减不变的情况下让劳动者继续生存并维持其后代所必需的价格。劳动者供养自己和为保持劳动者数量所必需的家庭生活用品，不取决于他工资的相应货币量，而取决于这笔货币所购买到的食物及必需品的数量，还有由于习惯而成为必不可少的便利设施。劳动的市场价格是按供求比例的自然作用实际支付的价格。劳动稀缺时，价格昂贵；劳动充足时，价格便宜。无论劳动的市场价格背离其自然价格有多远，它和商品一样都具有符合自然价格的趋势。

可见，古典经济学家没有把劳动和劳动力区分开来，而将劳动理解为商品。正如马克思指出的，价值是由劳动决定的，说劳动的价格或者劳动价值

等于是同义反复。马克思正是指出工资实质上是劳动力价值或价格的转化形式，而不是劳动的价值或价格的转化形式，从而为其揭示剩余价值的来源奠定了基础。

三、古典政治经济学没有研究剩余价值的一般形式

古典政治经济学家，从经济现象出发，一开始就研究利润、地租、利息这些剩余价值的特殊形式，而没有分析剩余价值的一般形式。

配第研究了地租和利息。马克思指出，在配第看来，剩余价值只有两种形式，土地的租金和货币的租金（利息）。配第是从地租推导出利息的。配第不知道利润这一经济范畴，他把地租和全部剩余价值等同起来，地租包括利润，利润还没有同地租分开。因此，他不可能有正确的剩余价值理论。

魁奈提出了纯产品学说。所谓纯产品，是指生产阶级从它们每年更新的再生产中，首先扣除了补充其年预付和维持其耕作的必要财富之后，每年向所有者阶级支付的。因此，这个纯产品就是剩余价值。但是，这个剩余价值实际上只是局限在农业，魁奈强调农业是创造财富的源泉，而不认为工业等其他部门创造了财富。

斯密将社会阶级分为工人阶级、资本家阶级和地主阶级，工人阶级获得工资，资产阶级获得利润，地主阶级获得地租。斯密指出，资本积累出现后，工人在原料上增加的价值分为两部分，一部分支付他们的工资，另一部分支付他们雇主的利润，以报酬他所垫支的原料和工资的全部资本。因此，斯密事实上把利润看成是工人所创造的价值在补偿工资后的余额。地租作为使用土地支付的价格，构成商品价格的一部分。

李嘉图把价值和生产价格相混淆。恩格斯在《资本论》第二卷序言中指出，按照李嘉图的价值规律，假定一切其他条件相同，两个资本使用等量的、有同样报酬的活劳动，在相同的时间内会生产价值相等的产品，也会生产相等的剩余价值或利润。但是，如果这两个资本所使用的活劳动量不相等，那么，它们就不能生产相等的剩余价值，或如李嘉图学派所说的利润。可见，

李嘉图学派不能解决等量资本获得等量利润与价值规律之间的矛盾，这是导致李嘉图学派破产的重要原因。

因此，古典政治经济学家由于只是在剩余价值的具体形式上研究剩余价值，而没有抽象出剩余价值的一般形式，从而导致其理论存在这样或那样的困难。马克思正是在利润、地租、利息这些具体范畴的基础上抽象出剩余价值这个范畴，从而建立了科学的剩余价值理论。

第二节　马克思理论“三个崭新因素”的主要内容

一、劳动二重性学说的创新之处

马克思是在19世纪50年代末创立劳动二重性学说的。在《1857—1858年经济学手稿》中，马克思指出，商品转化为交换价值。为了使商品同作为交换价值的自身相等，商品换成一种符号，这种符号代表作为交换价值本身的商品。然后，作为这种象征化的交换价值，商品又能够按一定的比例同任何其他商品相交换。这就造成了商品的二重化存在，一方面作为自然的产品，另一方面作为交换价值。也就是说，商品的交换价值取得了一个在物质上和商品相分离的存在。在《1859—1861年经济学手稿》中，马克思第一次系统说明了劳动的二重性。他指出，每个商品都表现出使用价值和交换价值两个方面。使用价值直接是生活资料。这些生活资料本身又是社会生活的产物，是人的生命力消耗的结果，是对象化劳动。作为交换价值，使用价值的质的差别消失了。生产交换价值的劳动，同劳动本身的特殊形式无关，它们代表相同的、无差别的劳动，也就是没有劳动者个性的劳动。因此，生产交换价值的劳动是抽象一般的劳动。交换价值由劳动时间决定。劳动化为简单的、可以说是无质的劳动；生产交换价值因而生产商品的劳动借以成为社会劳动的特有方式。“生产交换价值的劳动是抽象一般的和相同的劳动，而生产使用价值的劳动是具体的和特殊的劳动。”①

在《资本论》中，马克思完整地表述了劳动二重性学说：第一，体现在商品中的劳动有具体劳动和抽象劳动这二重属性。具体劳动是由自己产品的使用价值或自己产品是使用价值来表示自己的有用性的劳动，具体劳动创造商品的使用价值。抽掉具体形式的无差别的一般人类劳动就是抽象劳动，抽象劳动创造商品的价值。第二，具体劳动和抽象劳动是对立统一的关系。其对立表现在：①具体劳动是从劳动的有用效果来看的劳动，而抽象劳动则是抽去劳动的有用性来讲。②不同的具体劳动其质不同，抽象劳动质相同，只有量的差别。③具体劳动反映的是人与自然的关系，具有永恒的必然性。抽象劳动只对商品生产适用。④具体劳动不是使用价值的唯一源泉，而抽象劳动是价值的唯一源泉。其统一性表现在商品生产中，生产商品的劳动过程既是具体劳动创造使用价值的过程，又是抽象劳动形成价值的过程。可见，劳动的二重性决定了商品的二重性。第三，商品的价值量是由社会必要劳动时间决定的。商品价值量的变化与使用价值、具体劳动无关，而与劳动生产力的变化有关。在同样的劳动时间内，复杂劳动创造的价值比简单劳动多。

马克思提出的劳动二重性学说具有重要的创新性。马克思认为这“是理解政治经济学的枢纽”②。之所以说它是枢纽，是因为；

（1）劳动二重性学说为马克思的劳动价值论奠定基础。以前的经济学家由于缺乏劳动二重性学说，故未能科学区分使用价值、交换价值、价值概念，故难以解决什么样的劳动形成价值、为什么形成价值以及怎样形成价值，难以科学分析价值形式，进而从价值形式的变化得出货币，从而科学地说明货币的产生、实质及其与商品的对立。

（2）劳动二重性学说为分析剩余价值学说奠定了科学基础。没有劳动二重性学说，就难以揭示劳动力商品的使用价值与价值，难以理解资本主义生产过程是劳动过程与价值增殖过程的统一，难以理解具体劳动如何转移生产

---

① 马克思：《政治经济学批判〈第一分册〉》，《马克思恩格斯全集》第31卷，人民出版社1998年版，第428页。

② 《马克思恩格斯文集》第5卷，人民出版社2009年版，第55页。

资料价值、抽象劳动如何创造价值，就不可能区分不变资本和可变资本，进而揭示剥削的秘密。因此，马克思提出的劳动二重性学说对于理解劳动价值论和剩余价值理论都起到基础性的作用，它在政治经济学理论中起着枢纽的作用。

二、工资学说的创新之处

马克思和恩格斯在早期著作里就已经开始考察雇佣劳动问题。在《神圣家族》中，马克思首次提出雇佣劳动的范畴。他指出："无产阶级执行着雇佣劳动因替别人生产财富、替自己生产贫困而给自己做出的判决，同样地，它也执行着私有制因产生无产阶级而给自己做出的判决。"① 在《德意志意识形态》一书中，马克思和恩格斯首次使用了"劳动力"这个术语。他们指出："有许许多多人仅仅依靠自己劳动为生，有大量劳动力与资本隔绝或者甚至连有限地满足自己的需要的可能性都被剥夺。"② 在《雇佣劳动与资本》中，马克思揭示了资本增值的秘密。资本的实质不在于积累起来的劳动是替活劳动充当进行新生产的手段。它的实质在于活劳动是替积累起来的劳动充当保存自己并增加其交换价值的手段。资本和雇佣劳动的交换过程是："工人拿自己的劳动换到生活资料，而资本家拿归他所有的生活资料换到劳动，即工人的生产活动，亦即创造力量。这种力量不仅能补偿工人所消费的东西，并且还使积累起来的劳动具有比以前更大的价值。"③ 在《1857—1858 年经济学手稿》中，马克思深入揭示了劳动力商品的特性。资本和劳动的交换过程中，工人拿自己的劳动，即作为商品同一定数额的货币相交换。资本家换来劳动本身，这种劳动是创造价值的活动，是生产劳动，资本家换来的是一种生产

---

① 马克思、恩格斯：《神圣家族》，《马克思恩格斯全集》第 2 卷，人民出版社 1957 年版，第 44 页。

② 马克思：《德意志意识形态》，《马克思恩格斯全集》第 3 卷，人民出版社 1960 年版，第 40 页。

③ 马克思：《雇佣劳动与资本》，《马克思恩格斯全集》第 6 卷，人民出版社 1961 年版，第 489 页。

力，这种生产力使资本得以保存和倍增，从而变成资本的生产力和再生产力。工人同资本进行交换的，是他如在二十年内可以耗尽的全部劳动能力。这就表明工人出卖的是劳动力，而不是劳动。“与资本相对立的劳动，是单纯抽象的形式，是创造价值的活动的单纯可能性，这种活劳动只是作为才能，作为能力，存在于工人的身体中。”① 劳动力成为商品是资本主义生产的前提条件。“由于劳动被占有，被并入资本——货币，即购买对工人的支配权这个行为，在这里只表现为引起这个过程的手段，而不表现为这个过程本身的要素——资本开始发酵并且成为过程，成为生产过程，在这个过程中，资本作为整体来说，它作为活劳动不仅是同作为对象化劳动的自己发生关系，而且，由于这是对象化劳动，它是同作为单纯劳动对象的自己发生关系。”② 在《工资、利润和价格》一文中，马克思指出劳动价值的说法是不合理的，工人所出卖的并不直接是他的劳动，而是他暂时转让给资本家支配的他的劳动力。劳动力的价值，是由生产、发展、维持和延续劳动力所必需的生活资料的价值来决定的。

在《资本论》中，马克思详细阐述了他的工资学说。他指出，

（1）工资是劳动力价值或价格的转化形式。在资本主义社会中，从表象上看，工人的工资表现为劳动的价格。根据这种现象，如果认为工资是劳动的价值或价格，那是错误的。这是因为：商品的价值是由耗费在商品生产中的社会劳动决定的。如果说劳动是商品，等于说劳动的价值由劳动决定，这是无谓的同义反复；如果劳动是商品，那么，它在出卖之前就必须已经存在，但是，劳动不是独立存在的实体，它在出卖之前不存在；如果劳动是商品，要么违背价值规律，要么违背剩余价值规律。所以，工资的实质是劳动力的价值或价格。

（2）劳动力商品具有价值和使用价值。劳动力商品的价值由三个部分组

① 马克思：《1857—1858 年经济学手稿》，《马克思恩格斯全集》第 30 卷，人民出版社 1995 年版，第 255 页。

② 马克思：《1857—1858 年经济学手稿》，《马克思恩格斯全集》第 30 卷，人民出版社 1995 年版，第 259 页。

成，维持自身生存所需要的生活资料价值，维持劳动者家庭所需要的生活资料价值，一定的教育和培训费用。劳动力商品的使用价值在于创造比劳动力价值更多的价值，即剩余价值。资本家购买工人的劳动力，其目的在于使用工人的劳动力。通过使用工人劳动力创造的价值大于劳动力价值，从而创造出剩余价值。

（3）在资本主义社会条件下，工资表现为劳动的价值或价格掩盖了资本主义剥削。工资的形式消除了工作日分为必要劳动和剩余劳动、分为有酬劳动和无酬劳动的一切痕迹。全部劳动都表现为有酬劳动。

（4）工资表现为劳动的价值或价格的必然性和存在的理由在于：从资本和劳动的交换看，两者的交换和其他一切商品完全相同。买卖双方是平等的，好像谁也占不了谁的便宜；因为交换价值和使用价值本身是不可通约的量，所以劳动的价值这种用语似乎并不比棉花的价值这种用语更不合理，而且，工资是在劳动者提供了自己的劳动后才得到支付的，工人提供给资本家的使用价值，实际上并不是劳动力而是劳动，但这种劳动具有创造价值的职能，却不是普通意识所能领会的。所以，容易产生劳动的价值或价格这种错觉；从工人的立场看，工人总是要劳动 12 小时。这样，在他看来，工资的任何变动，都是全部劳动的价值或价格的变动；从资本家的立场看，他总是把贱买贵卖当作他的利润来源。因此，他认为他支付工人的工资是劳动的价值。至于利润，则是贱买贵卖的后果。因而，他也理解不到，如果劳动的价值的确存在并且他支付了这一价值，那么，他就不会获得任何利润；工资的实际运动显示的现象，似乎也证明工资是劳动的价值或价格转化形式。工资随着工作日长度的变化而变化，执行同一职能的不同工人的工资之间存在着个人的差别。

马克思通过区分劳动和劳动力，从而解决了资本和劳动的交换和商品等价交换之间的矛盾。资本不是和劳动交换，而是和劳动力交换。劳动不是商品，劳动力才是商品。一旦劳动力成为商品，它的价值就决定于它作为社会产品所体现的劳动，就等于生产和再生产劳动力所需要的社会必要劳动时间。因此，劳动力按照它的价值进行买卖，是与商品交换不矛盾的。因此，马克思的工资学说深刻揭示了工资的实质及其表现形式，从而将剩余价值理论牢固地建立在科学的劳动价值论基础上。

三、区分剩余价值的一般形式和特殊形式

在《1844年经济学哲学手稿》中，马克思深入探讨了资本的剥削本质。资本，就是对他人劳动产品的私有权。资本家拥有这种权力并不是由于他个人的特性，而只是他是资本的所有者。在《1857—1858年经济学手稿》中，马克思分析了货币转化为资本的过程，把剩余价值的各种特殊形式都抽象为“剩余价值”这个范畴。“资本在生产过程结束时具有的剩余价值——这种剩余价值作为产品的更高的价格，只有在流通中才得到实现，但是，它同一切价格一样，它们在流通中得到实现，是由于它们在进入流通以前，已经在观念上成为流通的前提了，已经决定了——按照交换价值的一般概念来说，表示对象化在产品中的劳动时间或者说劳动量（就静止状态来说，劳动量的大小表现为空间的量，就运动状态来说，劳动量的大小只能用时间来计量）大于资本原有各组成部分所包含的劳动量。”① “剩余价值总是超过等价物的价值。等价物，按其规定来说，只是价值同它自身的等同。所以，剩余价值决不会从等价物中产生；因而也不是起源于流通；它必须从资本的生产过程本身中产生……在资本方面表现为剩余价值的东西，正好在工人方面表现为超过他作为工人的需要，即超过他维持生产力的直接需要的剩余劳动。”②

同时，在该手稿中，马克思指出，剩余价值生产有绝对剩余价值和相对剩余价值生产两种方法。在《1861—1863年经济学手稿》中，马克思对剩余价值理论进行了更加详尽的阐述。同时，在该手稿中的学说史部分，他详尽分析了资产阶级古典政治经济学家和庸俗经济学家的理论，指出他们没有将

① 马克思：《1857—1858年经济学手稿》，《马克思恩格斯全集》第30卷，人民出版社1995年版，第281页。

② 马克思：《1857—1858年经济学手稿》，《马克思恩格斯全集》第30卷，人民出版社1995年版，第285-286页。

剩余价值的一般形式和特殊形式区分开来。在《资本论》中，马克思对剩余价值理论进行了系统阐述。他分析了货币转化为资本的过程，指出这种转化的前提是建立在劳动力商品买卖基础上；他分析了资本主义生产过程，指出资本主义生产过程是劳动过程和价值增殖过程的统一，从而揭示了剩余价值的来源；他区分了不变资本和可变资本，从而确定了资本自身内部的区别，这个区别提供了一把解决经济学上最复杂问题的钥匙；他分析了剩余价值的两种形式，指出这两种形式在资本主义生产的历史发展中起了不同然而是决定性的作用；他分析了剩余价值向利润的转化，从而将利润、地租、利息等剩余价值的特殊形式，将剩余价值的特殊形式都建立在剩余价值的范畴基础上，从而完成了剩余价值理论的创新。

区分剩余价值的一般形式和特殊形式，从而科学、完整地建立起剩余价值理论，这是马克思一生的“两个发现”之一①，是“马克思经济理论的基石”②。正是由于有了剩余价值理论，无产阶级才有了自己的理论武器，才能真正明白自己受剥削、受压迫的经济根源，才能真正明白资产阶级经济制度的历史性质和剥削性质，从而坚定资本主义必然灭亡的信念和社会主义社会、共产主义社会必然胜利的决心。

第三节　对马克思理论“三个崭新因素”的不同见解

一、对马克思剩余价值理论剽窃洛贝尔图斯理论的反驳

《资本论》第一卷出版后，德国讲坛社会主义者——国家社会主义者及其

① 恩格斯：《在马克思墓前的讲话》，《马克思恩格斯文集》第3卷，人民出版社2009年版，第601页。

② 列宁：《马克思主义的三个来源和三个组成部分》，《列宁全集》第23卷，人民出版社1990年版，第46页。

信徒，就宣扬说马克思剽窃了洛贝尔图斯。1881 年，由鲁·迈耶尔出版的洛贝尔图斯的著作《书信和社会政治论文集》中，洛贝尔图斯直截了当地说，他发现马克思剽窃了他，但没有提到他的名字。洛贝尔图斯认为他在《第三封社会问题书简》中已经指出了资本家的剩余价值从哪里产生的问题，而且，比马克思的论述更简单、更明了。

对于这种剽窃论的指责，恩格斯进行了有力的反击。他指出，所有这些关于剽窃的指责，马克思从来都是一无所知。直到 1859 年，马克思对洛贝尔图斯的全部文字活动还是一无所知，而这时，马克思的政治经济学批判不仅在纲要上已经完成，而且在最重要的细节上也已经完成。1859 年，他才从拉萨尔那里知道还有洛贝尔图斯这样一位经济学家。在《第三封社会问题书简》中，洛贝尔图斯指出，由于工资所受到的价值扣除，换句话说，由于工资仅仅构成产品价值的一部分，并且在有足够的劳动生产率下，工资不需要等于劳动的自然交换价值，以便后者还会留下一部分作为资本的补偿和地租。马克思对洛贝尔图斯的理论点评指出：“洛贝尔图斯先生首先研究在土地占有和资本占有还没有分离的国家中是什么情况，并且在这里得出正确的结论说：租（他所谓租，是指全部剩余价值）只等于无酬劳动，或无酬劳动借以表现的产品量。”① 正如恩格斯指出的，洛贝尔图斯也为既有的经济范畴所束缚。他也用剩余价值转化成的一个分支形式——租——来称呼剩余价值，并且使剩余价值成为一种极不确定的东西。“这两个错误的结果是：他再度陷入经济学的费解的行话中，他比李嘉图前进了一步，但是他没有批判地把这种进步继续下去，反而使他的未完成的理论，在孵化出壳之前，就成为一种乌托邦的基础，可是，就乌托邦而论，他也像往常一样，来得太迟了。上述小册子于 1821 年问世，已经远远走在 1842 年洛贝尔图斯的‘租’的前头了。”②

因此，说马克思剽窃了洛贝尔图斯，完全是无稽之谈。古典经济学家已经知道了剩余价值从哪里产生了，以及土地所有者的剩余价值是从哪里产生

---

① 马克思：《1861—1863 年经济学手稿》，《马克思恩格斯全集》第 34 卷，人民出版社 2008 年版，第 8 页。

② 《马克思恩格斯文集》第 6 卷，人民出版社 2009 年版，第 18 页。

的，恩格斯指出："不仅那位在绝望中揪住洛贝尔图斯的衣角而'确实不学无术的'庸俗作家，而且那位身居要职、'自炫博学'的教授，也把自己的古典经济学忘记到这种程度，竟把那些在亚当·斯密和李嘉图那里就可以读到的东西，煞有介事地硬说是马克思从洛贝尔图斯那里窃取来的——这个事实就证明，官方的经济学今天已经堕落到何等地步。"①

二、关于对马克思理论创新置之不理的反击

马克思的《资本论》第一卷出版后，资产阶级学术界和舆论界试图用沉默的方法扼杀其影响力。为了冲破这种沉默，恩格斯在报刊上发表了一系列书评广泛宣传《资本论》。这些书评报刊发表在《未来报》《莱茵报》《爱北斐特日报》《杜塞尔多夫日报》《观察家报》《民主周报》等9家报纸。可以说，这些书评为冲破资产阶级的扼杀起到了重要作用。这些书评以马克思的三个崭新因素为基础，高度评价了马克思的理论贡献。在为《未来报》所作的书评中，恩格斯指出德国是一个出思想家的民族，但是，这个民族对政治经济学的贡献很少，马克思《资本论》第一卷的出版改变了这种状况。该著作对古典政治经济学和庸俗政治经济学采取了批判的态度，同时始终力图不离开科学研究的道路。在为《民主周报》写的书评中，恩格斯指出，"自从世界上有资本家和工人以来，没有一本书像我们面前这本书那样，对于工人具有如此重要的意义。资本和劳动的关系，是我们全部现代社会体系所围绕旋转的轴心，这种关系在这里第一次得到了科学的说明，而这种说明之透彻和精辟，只有一个德国人才能做得到。欧文、圣西门、傅立叶的著作现在和将来都是有价值的，可是只有一个德国人才能攀登最高点，把现代社会关系的全部领域看得明白而清楚，就像一个观察者站在高山之巅俯视下面的山景一样"②。

---

① 《马克思恩格斯文集》第6卷，人民出版社2009年版，第19页。

② 恩格斯：《卡尔·马克思〈资本论〉第一卷书评——为〈民主周报〉作》，《马克思恩格斯文集》第3卷，人民出版社2009年版，第79页。

正是由于恩格斯不遗余力地宣传，才推动了《资本论》的广泛传播。正如恩格斯在《资本论》第一卷英文版序言中指出的，“马克思的理论正是在目前对社会主义运动产生着巨大的影响，这个运动在‘有教养者’队伍中的传播，不亚于在工人阶级队伍中的传播”①。

三、关于对马克思理论创新予以否定的反驳

《资本论》出版后，围绕理论的创新性，学术界展开了激烈争论。就劳动价值论而言，如有的学者认为马克思虽然区分了劳动和劳动力，剩余价值的一般形式和特殊形式，解决了使李嘉图学派破产的两个矛盾，但是，马克思想超越李嘉图，证明劳动价值原理的普遍性，应当说没有取得成果。因为马克思要像李嘉图那样企图把原始条件下的交换法则运用到资本主义的商品和交换上，这就注定了矛盾不可避免，而这个矛盾不是区分一下劳动和劳动力这两个概念，以及从总体上断定生产价格是价值的转化形式所能解决的。② 有的学者用供求价格论否定马克思的劳动价值论，有的用效用价值论否定劳动价值论，有的学者围绕价值转形问题展开百年争论。就剩余价值论而言，西方诸多学者普遍否定剩余价值的存在。他们认为资本家和工人之间的交换属于等价交换，资本家所获得的收入要么是劳动收入，要么是风险收入，不存在剥削。

之所以存在这些否定，要么是因为看问题的立场不同，要么是因为误读了马克思的理论。这些否定并没有驳倒马克思的理论，反而进一步证明了马克思理论的科学性。只有以马克思的劳动价值论为基础，才能科学合理地解释商品经济存在的依据及其客观性；只有以马克思的剩余价值理论为基础，才能揭示资本主义市场经济的运行规律，进而深刻领悟资本主义社会的不合理性，从而坚定社会主义和共产主义的理想信念。

总之，马克思正是以三个崭新因素为基础，从而构建起马克思主义政治

---

① 《马克思恩格斯文集》第5卷，人民出版社2009年版，第34页。

② 晏智杰：《劳动价值学说新探》，北京大学出版社2001年版，第87页。

经济学的理论体系大厦。这三个崭新因素过去、现在乃至未来都将继续受到诘难。但是，真理越辩越明。马克思的理论还将在未来继续接受争论，从而在争论中印证其理论的科学性。

第四节 马克思理论“三个崭新因素”的现实意义

今天，我们都在探讨如何构建中国特色社会主义政治经济学。中国特色社会主义是以马克思主义经济学为指导的。要构建中国特色社会主义政治经济学理论体系，就要学习马克思是如何创新的，这有利于我们深刻把握经济学理论创新的基本规律。从马克思经济学的三个崭新因素可以看出，要进行经济学理论创新，必须把握以下几点：

一、经济学理论创新的前提是要有科学的世界观

经济学理论创新，离不开科学的世界观指导。马克思之所以能够取得这么大的成就，前提条件在于其建立了唯物史观。没有唯物史观的指导，很难有经济学的理论创新。

要有科学的唯物史观，首先要建立科学的唯物主义自然观。唯物主义自然观认为：第一，世界是物质的。物质决定意识，意识对物质有反作用。“物质是标志客观实在的哲学范畴，这种客观实在是人通过感觉感知的，它不依赖于我们的感觉而存在，为我们的感觉所复写、摄影、反映。”① 第二，物质是运动的。运动是物质的存在方式。物质和运动彼此不可分割。时间和空间是物质运动的基本形式。时间是指物质运动的持续性、间隔性和顺序性。事物运动的不同状态以彼此存在的间隔长短，顺序先后表现着相互联系的关系。

① 列宁：《唯物主义和经验批判主义》，《列宁全集》第18卷，人民出版社1988年版，第130页。

空间是指物质运动的广延性、伸张性。任何事物在与它并存的事物之间都各占一定的位置和规模，表现着相互作用的关系。我们所面对的物质世界及其万事万物，既是普遍联系的又是永恒发展的，二者的统一构成了世界的历史演化过程。世界的普遍联系是世界运动发展的终极原因，正是事物之间的普遍联系即普遍的相互作用构成了运动。同时，世界的运动发展又是普遍联系多样化和高级化的原因。第三，物质运动的规律是可以认识的。意识是物质的最高产物，是客观世界的主观映象，意识对物质具有巨大的反作用。意识的能动性表现在人对客观世界的认识是在变革客观世界的过程中进行的。人的意识活动是在实践基础上并且是为了实践的需要而发生的。同时，意识能动性更重要的表现是它对人类实践的指导作用。因此，实践的观点是马克思主义哲学首要的基本观点。

将唯物主义自然观应用到社会领域，就形成了唯物主义历史观。唯物主义历史观认为：第一，人类社会是自然界长期发展的产物。人类社会是在劳动实践中形成的，也是在劳动实践基础上不断发展的。实践是人特有的存在方式。只有在实践中，才能实现主客观的统一。第二，人类社会分为社会生活的物质方面和社会生活的精神方面，通常称为社会存在和社会意识。社会存在决定社会意识，社会意识是对社会存在的反映。人类社会的存在与发展是在生产实践的基础上并通过生产实践的发展而实现的。因此，物质生产实践，即经济建设，是全部社会生活的基础。生产力决定生产关系，经济基础决定上层建筑。第三，人类社会是可以认识的。认识是在实践基础上的能动的反映。认识分为两个过程：首先是由实践到认识的辩证运动，它表现为在实践的基础上形成感性认识，并实现由感性认识到理性认识的能动的飞跃。其次是由理性认识到实践的能动的飞跃。因此，实践、认识、再实践、再认识，循环反复以至无穷。

因此，经济学创新需要有科学的世界观。离开了科学世界观的指导，是很难做出真正的创新的。马克思经济学正是以唯物史观为基础，从而为其理论创新奠定了坚实的哲学基础。

二、经济学理论创新要以科学的方法论为指导

经济学理论要创新，就必须要有科学的方法论为指导。指导马克思经济学创新的是辩证法。所谓辩证法，就是通过概念、判断、推理为基本形式、以一系列辩证思维方法把握客观世界的内在本质。是马克思在批判地继承黑格尔唯心主义辩证法基础上发展起来的。其特点是：一是马克思的辩证法是建立在唯物论基础上。马克思认为，观念的东西不外是移入人脑并在人的头脑中改造过的物质的东西而已。二是辩证法揭示了世界联系和发展的三个基本规律，即量变质变规律、对立统一规律和否定之否定规律。三是辩证法揭示了世界联系和发展的基本环节。这些环节可以概括为 8 对范畴，即整体与部分，个别与一般、特殊与普遍，相对与绝对，原因与结果，偶然与必然，形式与内容，现象与本质，可能与现实。四是其采用从抽象到具体的方法构建理论体系。马克思在《〈政治经济学批判〉导言》中曾经指出研究经济学的两条道路，一条道路是从具体到抽象。从具体到抽象的主要思维方法是分析，即通过分析把整体分解成各个部分，区分开本质的方面和非本质的方面，从中抽取出本质的方面并通过概念固定下来，从而形成抽象的规定。第二条道路是从抽象到具体。即从抽象的规定达到思维的具体。从抽象到具体的主要思维方法是综合，即把反映了事物各方面本质的抽象的规定综合起来，形成关于事物整体的认识，使具体在思维中再现出来。这时候的具体就不是现实的感性具体，而是理性的具体。经济学研究要采取从抽象到具体的方法来构建理论框架。五是突出强调阶级分析方法。政治经济学研究对象是生产关系，生产关系与人的利益息息相关。不同阶级由于所处的社会地位不同，对社会经济发展的立场不同，因此，必然有着不同的利益诉求。马克思主义政治经济学从来不隐讳自己的阶级性，它公开申明自己是代表无产阶级利益、为无产阶级服务的。

可以说，三个崭新因素就是在这些方法指导下取得的成果。劳动二重性学说是这个应用方法的典范。在劳动二重性概念中，马克思首先从商品这个具体开始研究，商品是资本主义社会一切矛盾的胚芽。从商品推导出使用价

值，又从使用价值得出其决定因素是具体劳动，同时，从使用价值又推导出交换价值，进而从交换价值推导出价值，进而从价值得出其决定因素是抽象劳动。当得出劳动二重性概念后，又继续推导出价值形式，进而得出货币形式，从而揭示了商品交换的基本原理。因此，通过劳动二重性学说，马克思界定了商品、使用价值、交换价值、价值、具体劳动、抽象劳动等概念范畴，指出商品是使用价值和价值的对立统一体，商品交换在逻辑上表现为价值形式的发展，在历史上表现为货币是商品交换的产物，从而深刻地揭示了商品交换的基本原理。接着，马克思继续从抽象上升到具体，通过区分劳动和劳动力，揭示了资本主义剥削的秘密，从而界定了资本、剩余价值范畴。然后，又通过区分剩余价值的一般形式和特殊形式，从而将研究从资本主义生产过程、流通过程扩展到资本主义生产总过程，从而完整地揭示了资本主义生产、流通、分配的全部过程。可见，正是在唯物辩证法的指导下，马克思才构建起了严密、完整的逻辑大厦，深刻剖析了资本主义社会的内部结构，揭示了资本主义经济运动的基本规律。离开了唯物辩证法，马克思难以实现政治经济学的理论创新。

三、经济学理论创新要以问题为导向

如何做创新？从马克思的三个崭新因素可以看出，创新要坚持以问题为导向。好的问题等于成功的一半。劳动、商品、货币这些名词，前人都已经提出。劳动价值论古典经济学也已经提出，利润、地租、利息等名词，古典经济学也进行过研究，因此，似乎创新的余地不大。但是，正是在前人认为已有答案的地方，马克思却认为是问题所在。所以，马克思才提出三个崭新因素，进而超越了古典政治经济学。

所以，要进行经济学创新，关键是要以问题为导向。找到真问题，创新就成功了一半。寻找问题，基本的做法是从经济现象中去寻找，只有在经济现象中才能找到创新的线索。现实经济生活提供了丰富的素材供我们思考。对于这些经济素材，要思考哪些问题是已经用现有理论就可以回答的，哪些问题是现有理论所无法回答的，哪些问题是用部门经济学就可以回答的，哪些问题是要用基础经济理论才能回答的，哪些问题对党和国家全局发展有重大意义的，哪些问题是对部门发展有意义的，从而在对问题的筛选、思考中找出理论创新点，而且是重大的理论创新点。在确定值得思考的问题后，才能分析现有理论为什么不能解释这些问题，其理论短板在哪里，应该从哪里突破，才能实现有价值的理论创新。

四、经济学理论创新的核心是界定范畴

三个崭新因素表明，经济学理论创新的核心要素在于界定范畴。范畴是理论体系的核心。概念是理论创新的基础和核心。概念是主观性和客观性的统一，是客观矛盾反映到主观思想上的核心表达形式。每一个概念的界定背后都表达着人们对事物本质认识的深化。同时，概念本身是抽象性和具体性的对立统一。概念是一种抽象，但这种抽象更深刻、更正确，更完全地反映了客观的具体。因此，任何新概念的提出都意味着新思想的诞生，意味着对实践的新认识。越是抽象的概念，往往意味着越是伟大的理论的诞生。例如，在形式逻辑看来，物质概念是外延最大的概念，也是内涵最贫乏的概念，它的内涵只有客观实在性这一特点。但辩证逻辑却看到这一特点的深刻性，看到它揭示了无限丰富多样的世界中的一切事物的本质，因而是一个说明世界的物质统一性的概念。

马克思提出的三个崭新因素意味着马克思主义政治经济学的诞生。劳动二重性的概念是相当抽象的，但是，恰恰是这种抽象的概念，才深刻地揭示了商品经济的基本原理，从而才成为理解政治经济学的核心枢纽。劳动力概念的确立，才真正揭示了剩余价值概念的来源。剩余价值概念的提出，才真正区分了剩余价值一般形式和特殊形式，为分析资本主义的生产、流通、分配奠定了基础。所以，马克思的三个崭新因素的核心是概念的创新，正是在概念创新的基础上，才能够有力地批判古典政治经济学，从而建立马克思政治经济学。同时，正是这三个概念的提出，才确定了马克思主义政治经济学作为经济学基础理论

学科的地位。我们才能够以马克思主义政治经济学为基础，统筹一切经济学科。我们才能以马克思主义政治经济学为基础，涵盖一切社会科学。

五、经济学理论创新的根本目的是构建新理论体系

理论创新有大创新和小创新之分。小创新是针对具体经济学科的创新，这种创新，只能对部门经济学或者应用经济学产生影响，甚至只能对部门经济学的某个具体学科产生影响。应该说，这种创新也很必要，但这种创新所产生的影响是非常小的。而大创新则不同，大创新是对整个理论体系的创新，它涉及一门学科、甚至是整个社会科学的变革，进而影响到整个社会运动的轨迹。列宁说，"没有革命的理论，就不会有革命的运动"。① 这里的革命理论要理解为大理论，能够解释为什么革命、如何革命的理论。因此，只有大的创新才能配得上指导大革命。

从马克思的三个崭新因素来说，马克思的理论创新不仅仅是大创新，应该称得上是伟大创新。正如马克思自己指出的，他研究政治经济学的目的是要揭示资本主义社会的经济运动规律，进而揭示整个人类社会的发展规律。这个任务应该说被马克思很好地完成了。建立在三个崭新因素基础上的劳动价值论和剩余价值理论，是解释人类社会发展的根本理论。人类社会所有的经济现象，都可以从两大理论的视角去分析。所以，今天谈中国特色社会主义理论创新，也仍然需要以马克思主义理论为指导。

总之，真正的理论创新是极其不易的。马克思穷40年之力，才说其理论有三个崭新因素。这提示我们，在做学问时，不要动不动就说自己的理论有几个创新。真正的创新是需要经过艰苦的理论思考、需要在阅读古今中外各种文献的基础上，在进行艰苦的脑力劳动之后才可能实现的。所以，今天学者要进行理论创新，一定要抱着谦虚、谨慎的态度，在认真观察、思考经济现象的基础上，应用辩证思维的方法，从中提炼出问题，进而做出有价值的创新。

---

① 列宁：《怎么办?》，《列宁全集》第6卷，人民出版社1986版，第23页。

第八章 马克思理论的“六册计划”

六册计划是马克思拟订的关于资本主义经济的研究计划。研究六册计划，对于我们理解马克思主义经济学的研究方法，扩展马克思主义经济学的研究对象，从而指导中国特色社会主义政治经济学的研究是有益的。

第一节 马克思理论“六册计划” 的思想来源

马克思将资本主义经济分为六册进行研究的计划，是建立在“五篇结构”基础上的。

一、“五篇结构”的形成

马克思关于政治经济学写作的篇章布局，最早是在1857年8月《〈政治经济学批判〉导言》中提出来的。在“导言”中，马克思在分析政治经济学的研究对象和研究方法后，指出政治经济学应该分为五篇：“①一般、的抽象的规定，因此它们或多或少至少属于一切社会形式，不过是在上面所阐述的意义上。②形成资产阶级社会内部结构并且成为基本阶级的依据的范畴，资本、雇佣劳动、土地所有制，它们的相互关系，城市和乡村，三大社会阶级，它们之间的交换，流通，信用事业（私人的）。③资产阶级社会在国家形式上的概括，就它本身来考察，‘非生产’阶级，税，国债，公共信用，人口，殖民地，向国外移民。④生产的国际关系，国际分工，国际交换，输出和输入，汇率。⑤世界市场和危机。”①

随着研究的深入，马克思又先后三次对五篇计划进行了调整改进：

第一次调整出现在《1857—1858年经济学手稿》笔记本Ⅱ“货币章”。在该章中，马克思对五篇结构调整如下：“在考察交换价值、货币、价格的这个第一篇里，商品始终表现为现成的东西。形式规定很简单。我们知道，商品表现社会生产的各种规定，但是社会生产本身是前提。然而，商品不是被设定在这一规定上。事实上，最初的交换也只是表现为剩余物的交换，并不涉及和决定整个生产。这是一种处于交换价值世界之外的总生产的现成的剩余物。即使在发达的社会中，这些剩余物同样会作为直接现成的商品世界而出现在社会表面上。但是，商品世界通过它自身便超出自身的范围，显示出表现为生产关系的经济关系。因此，生产的内部结构构成第二篇。‘资产阶级社会’在国家上的概括构成第三篇，‘生产的’国际关系构成第四篇，世界市场构成末篇；在末篇中，生产以及它的每一个要素都被设定为总体，但是同时一切矛盾都展开了。于是，世界市场又构成整体的前提和承担者。于是，危机就是普遍指示超越这个前提，并迫使采取新的历史形态。”②

第二次调整出现在《1857—1858年经济学手稿》笔记本Ⅱ“资本章”第一篇“资本的生产过程”中第一部分“货币转化为资本”中。马克思对五篇结构进行进一步调整：“Ⅰ.①资本的一般概念。②资本的特殊性：流动资本，固定资本（资本作为生活资料，作为原料，作为劳动工具），③资本作为货币。Ⅱ.①资本的量，积累。②用自身计量的资本，利润，利息，资本的价值：即同作为利息和利润的自身相区别的资本。③诸资本的流通。（α）资本和资本相交换，资本和收入相交换，资本和价格；（β）诸资本的竞争；（γ）

① 马克思：《〈政治经济学批判〉导言》，《马克思恩格斯全集》第30卷，人民出版社1995年版，第50页。

② 马克思：《1857—1858年经济学手稿》，《马克思恩格斯全集》第30卷，人民出版社1995年版，第180-181页。

诸资本的集聚。Ⅲ. 资本作为信用。Ⅳ. 资本作为股份资本。Ⅴ. 资本作为资本市场。Ⅵ. 资本作为财富的源泉，资本家，在资本之后可以考察土地所有制，然后考察雇佣劳动。以所有这三者为前提，价格运动，现在是作为在流通的内在整体性上被规定的流通。另一方面，三个阶级作为在生产的三种基本形式上和流通的各种前提上来看的生产，然后是国家。（国家和资产阶级社会——赋税或非生产阶级的存在——国债——人口——国家对外：殖民地，对外贸易，汇率，货币作为国际铸币。最后，世界市场。资产阶级社会越出国家的界限。危机，以交换价值为基础的生产方式和社会形式的解体，个人劳动实际成为社会劳动以及相反的情况。）”①

第三次调整出现在《1857—1858 年经济学手稿》笔记本Ⅱ《资本章》第一篇《资本的生产过程》中第二部分《资本和劳动的交换》中。马克思指出：“资本。Ⅰ. 一般性：①（a）由货币生成资本；（b）资本和劳动（以他人劳动为中介）；（c）按照同劳动的关系而分解成的资本各要素（产品，原料，劳动工具）。②资本的特殊化：（a）流动资本，固定资本，资本流通。③资本的个别性：资本和利润，资本和利息，资本作为价值同作为利息和利润的自身相区别。Ⅱ. 特殊性：①诸资本的积累。②诸资本的竞争。③诸资本的积聚（资本的量的差别同时就是质的差别，就是资本的大小和作用的尺度）。Ⅲ. 个别性：①资本作为信用。②资本作为股份资本。③资本作为货币市场。”②

二、对“五篇结构”的评析

马克思对政治经济学理论框架的构建，是建立在《导言》中提出的从抽象到具体的方法论基础上的。从《1857—1858 年经济学手稿》一直到《资本

---

① 马克思：《1857—1858 年经济学手稿》，《马克思恩格斯全集》第 30 卷，人民出版社 1995 年版，第 220-221 页。

② 马克思：《1857—1858 年经济学手稿》，《马克思恩格斯全集》第 30 卷，人民出版社 1995 年版，第 233-234 页。

论》，都是采用这种框架构建起来的。正是在这个方法的基础上，马克思才提出了五篇结构。从五篇结构提出到经历三次调整，可以看出马克思对政治经济学理论体系的认识在不断深化。

在《导言》中，马克思已经将第一篇、第二篇到第五篇的框架进行区分。在第一篇中，马克思指出要分析一般的抽象的规定，这种规定属于一切社会形式，而第二篇到第五篇的内容则是研究资本主义社会。研究资本主义社会，要按照先国内后国际的框架展开。在研究国内时，第二篇研究社会内部结构，研究资本、雇佣劳动和土地这三大范畴，因为这三大范畴构成资产阶级社会内部三大阶级；第三篇研究国家，研究国家是如何调控这个内部结构的。第四篇研究国际关系，研究国际生产和交换关系。第五篇研究世界市场和危机。

在第一次调整中，马克思重点分析第一篇和第二篇之间的联系。这是在《导言》中所没有谈到的。《导言》中只是指出要分析一般的抽象的规定，但是，如何从这个抽象的规定过渡到资本主义社会，马克思没有进行深究。在这里，马克思明确提出要从商品出发过渡到资本主义社会。这是对理论体系认识的深化。之所以要以商品将一般的抽象的规定与资本主义社会联接起来，正如在《资本论》中指出的，“资本主义生产方式占统治地位的社会的财富，表现为‘庞大的商品堆积’，单个的商品表现为这种财富的元素形式。因此，我们的研究就从分析商品开始”①。

在第二次调整中，马克思的理论框架构建有两个突出的特点：一是马克思对资本的认识大大深化了。在《导言》和第一次调整中，马克思都确定在第二篇中研究资本，但是，对于如何研究资本，并没有给出详细的框架。在这里，马克思明确提出要从六个方面出发研究资本。马克思设想按照资本的质、资本的量、资本之间的关系、信用资本、股份资本、货币市场的资本和作为财富源泉的资本这个顺序来研究资本。在这里，已经隐隐可以看见《资本论》的逻辑框架，这是马克思理论框架构建的重要进展。

---

① 《马克思恩格斯文集》第5卷，人民出版社2009年版，第47页。

二是在第五篇中对资本主义发展趋势也给出了明确的设想。这是在前面的框架结构中所缺乏的。马克思指出，在危机之后，资本主义要灭亡，灭亡后的社会中个人劳动实际成为社会劳动。这就明确提出未来社会重建个人所有制的设想。

在第三次调整中，马克思主要对第二次调整中提及的从六个方面出发研究资本进行进一步加工。马克思将六个方面出发研究资本改为从三个层面出发研究资本：即资本的一般性、特殊性和个别性。资本的一般性包括第二次调整中所谈的资本的质与量；资本的特殊性研究资本与资本之间的关系；资本的一般性研究信用资本、股份资本和货币市场的资本。至于第二次调整中要研究的作为财富源泉的资本则不再出现。因此，这次调整说明马克思对资本的认识又进一步深化了。

综观五篇结构，可以看出马克思对政治经济学框架体系的构建是不断深化的。这种深化突出地表现在对于第一篇和第二篇认识的深化。这为后来《资本论》的写作打下了良好基础。同时，从这五篇结构中也可以看出：第一，马克思对于采用什么框架体系研究经济学，仍然处在不断探索的过程中。这从其不断大幅度调整其框架体系可以得出明确的答案。第二，此时马克思对经济学的研究还有比较深的哲学韵味。虽然经济学要有哲学做基础，经济学需要以辩证法为指导，但是，经济学作为一门独立的学科，需要有自己的语言和范畴体系。在五篇结构中，虽然马克思已经在很大程度上摆脱了《1844 年经济学哲学手稿》那种浓厚的哲学韵味，但还是从字里行间看出了哲学对马克思的影响。从五篇结构中就可以看出，马克思所用词汇不少还是哲学语言：如第一篇的一般的抽象的规定，第二篇的一般性、特殊性、个别性等等。这些词汇的出现，表明此时的马克思尚未完成其对经济学理论体系的改造。因此，马克思并没有打算发表《1857—1858 年经济学手稿》，五篇结构是其探索经济学框架体系的一个阶段。正是在这个基础上，马克思才从“五篇结构”过渡到“六册计划”，从而继续其对经济学理论框架构建的研究。

第二节　马克思理论“六册计划”的主要内容

一、“六册计划”的形成

马克思是在写作《1857—1858年经济学手稿》中，逐渐形成了调整原有结构的设想。正是在这种调整中，马克思的六册计划逐渐成型。

第一次谈及六册计划是在1858年2月22日马克思致拉萨尔的信。在信中，他指出：“应当首先出版的著作是对经济学范畴的批判，或者，也可以说是对资产阶级经济学体系的批判。……叙述（我指的是叙述的方式）是完全科学的，因而按一般意义来说并不违犯警章。全部著作分为六个分册：①资本（包括一些绪论性的章节）；②地产；③雇佣劳动；④国家；⑤国际贸易；⑥世界市场。”①

第二次谈及六册计划是在1858年3月11日马克思致拉萨尔的信。在信中，马克思指出：“第一分册无论如何应当是一部比较完整的著作……这一分册包括：①价值；②货币；③资本一般（资本的生产过程，资本的流通过程，两者的统一，或资本和利润、利息）。……整个著作将分成六分册，不过我并不准备每一分册都探讨得同样详尽；相反地，在最后三册中，我只打算作一些基本的叙述，而前三册专门阐述基本经济原理，有时可能不免要作详细的解释。”②

第三次谈及六册计划是在1858年4月2日马克思致恩格斯的信中。马克思指出，《政治经济学批判》“将分为六个分册：①资本；②地产；③雇佣劳

① 马克思：《马克思致斐·拉萨尔》（1858年2月22日），《马克思恩格斯全集》第29卷，人民出版社1972年版，第531页。

② 马克思：《马克思致斐·拉萨尔》（1858年3月1日），《马克思恩格斯全集》第29卷，人民出版社1972年版，第534页。

动；④国家；⑤国际贸易；⑥世界市场。资本又分为四篇。（1）资本一般（这是第一分册的材料）；（2）竞争或许多资本的相互作用；（3）信用，在这里，整个资本对单个资本来说，表现为一般的因素；（4）股份资本，作为最完善的形式（导向共产主义的），及其一切矛盾。资本向地产的转化同时又是历史的转化，因为现代形式的地产是资本对封建地产和其他地产发生影响的产物。同样，地产向雇佣劳动的转化不仅是辩证的转化，也是历史的转化，因为现代地产的最后产物就是雇佣劳动的普遍建立，而这种雇佣劳动就是这一堆讨厌的东西的基础”①。

第四次谈及六册计划是在1859年2月1日马克思致魏德迈的信。在信中，马克思指出：“我把全部政治经济学分为六册：资本；地产；雇佣劳动；国家；对外贸易；世界市场。第一册：资本，分为四篇。第一篇：资本一般，共分三章：①商品；②货币或简单流通；③资本。”②

第五次谈及六册计划是在1858年11月到1859年1月写的并于1859年6月正式出版的《政治经济学批判。第一分册》的《序言》中。在《序言》中，马克思在出版的刊物中正式提到了六册计划。他指出：“我考察资产阶级经济制度是按照以下的顺序：资本、土地所有制、雇佣劳动；国家、对外贸易、世界市场。在前三项下，我研究现代资产阶级社会分成的三大阶级的经济生活条件；其他三项的相互联系是一目了然的。第一册论述资本，其第一篇由下列各章组成：①商品；②货币或简单流通；③资本一般。”③

因此，马克思的六册计划是在1858—1859年间在五篇结构基础上形成的，他是通过给友人的四封信中谈到六册计划、并在正式出版的《〈政治经济学批判〉序言》中向世人公布这一计划的。

---

① 马克思：《马克思致恩格斯》（1858年4月2日），《马克思恩格斯全集》第29卷，人民出版社1972年版，第299-300页。

② 马克思：《马克思致约·魏德迈》（1859年2月1日），《马克思恩格斯全集》（第29卷），人民出版社1972年版，第553页。

③ 马克思：《〈政治经济学批判〉序言》，《马克思恩格斯全集》（第31卷），人民出版社1998年版，第411页。

二、“六册计划”的主要内容

1.《资本》分册的主要内容

《资本》分册是六册的精髓。马克思指出：“我认为这个分册具有决定性的重要意义。”①

对于《资本》分册的内容，马克思将其分为四篇：

（1）第一篇是资本一般。该篇又分为三章：第一章价值；第二章货币；第三章资本一般。资本一般又分为三个部分：第一部分讨论资本的生产过程，第二部分讨论资本的流通过程，第三部分讨论两者的统一，即资本和利润、利息的关系。对于这三章的内容，马克思经过《1857—1858 年经济学手稿》，《1859—1861 年经济学手稿》《1861—1863 年经济学手稿》《1863—1865 年经济学手稿》中不断进行修改，调整，最终形成了《资本论》三卷。

（2）第二篇分析竞争。从竞争篇开始，马克思只是提出了研究设想，并没有完整论述。但是，从《资本论》以及其他文献中，大致可以看出其研究内容：

《竞争》篇的考察对象是资本竞争，也就是许多资本的相互关系和作用，这是资本内在本性的必然表现，是资本内在规律的实现形式。马克思指出：“从概念来说，竞争不过是资本的内在本性，是作为许多资本彼此间的相互作用而表现出来并得到实现的资本的本质规定，不过是作为外在必然性表现出来的内在趋势。”②

考察资本之间的竞争，要考察竞争机制发挥作用的条件和运行机制。竞争主体必须要有自己独立的利益要求，这是竞争机制发挥作用的前提条件。同时，要考察竞争机制发挥作用的过程。竞争作为经济运行调节机制，是与

---

① 马克思：《马克思致恩格斯》（1859 年 11 月 7 日），《马克思恩格斯全集》（第 29 卷），人民出版社 1972 年版，第 483 页。

② 马克思：《政治经济学批判》（1857—1858 年手稿），《马克思恩格斯全集》（第 30 卷），人民出版社 1995 年版，第 394 页。

供求、价格、价值机制共同发挥作用的。马克思指出，“供求以资本主义生产过程为前提，因而以和单纯的商品买卖完全不同的复杂化了的关系为前提”。[①] 供求、价格、价值三者的关系是靠竞争机制来调节的，也就是通过商品生产者、货币所有者之间的竞争调节三者关系。竞争是导致价格变动的外在压力，价格的变动导致供求的变动是靠商品生产者和货币所有者之间的竞争实现的，供求变动抵消价格与价值之间的偏离也是靠商品生产者和货币所有者之间的竞争实现的。

资本竞争是资本内在规律的外在表现。资本的内在规律，只有通过竞争才作为外在的必然性现实地暴露出来。这表现在：第一，剩余价值生产规律是通过竞争实现的。资本家要获得更多的剩余价值，必然要在市场上展开激烈竞争。相对剩余价值生产是通过各个资本家追逐超额剩余价值实现的。第二，竞争迫使资本家不断进行资本积累，资本和资本之间的激烈竞争迫使资本家不断进行积累。竞争是资本家进行资本积累的外在压力。第三，部门之间的竞争使价值转化为生产价格。部门之间的竞争导致利润率平均化，从而使价值转化为生产价格。第四，竞争对商业利润、利息和绝对地租的形成起重要作用。商业利润要取得平均利润，是通过与产业资本之间的竞争实现的。同样，借贷资本家所获得的利息、土地所有者所获得的地租的多少，也是通过他们与职能资本家之间的竞争实现的。第五，作为资本主义内在规律的外在表现，竞争掩盖了资本主义各种收入的源泉。

（3）第三篇分析信用。信用考察的是借贷关系，是以偿还为条件的价值的特殊运动。恩格斯指出：“主要的困难在第五篇。那里讨论的也是整个这一册最复杂的问题。正当马克思写这一篇时，上面提到的重病又突然发作了。因此，这一篇不但没有现成的草稿，甚至没有一个可以按照其轮廓来加以充实的纲要，只不过是开了一个头，不少地方只是一堆未经整理的笔记、评述和摘录的资料。”[②] 因此，如果要在第三篇考察信用，大致要涉及下列内容：

第一，考察信用的产生及其本质。要研究如何由高利贷资本产生信用。

① 《马克思恩格斯文集》第7卷，人民出版社2009年版，第216-217页。

② 《马克思恩格斯文集》第7卷，人民出版社2009年版，第8-9页。

资本主义信用是由借贷资本引起的，它是“直接由资本设定的、因而由资本的本性产生的特有的流通形式”①。要研究信用的本质，信用与货币五大职能之间的关系。

第二，研究利率。研究利率是如何产生的。利率产生后，剩余价值如何在职能资本和借贷资本之间进行分配。利率是如何决定的，利率的波动及其影响因素。

第三，研究信用形式。在《资本论》中，马克思重点研究商业信用和银行信用。在《信用》篇中，除继续深入研究这两种信用形式外，还要研究消费信用等其他信用形式。研究不同信用形式的特点及其相互关系。

第四，研究信用中介机构。除了要继续研究银行，还要研究交易所。主要研究银行的产生和发展、银行的类型和组织、银行业务、银行经营管理原则。同时，要研究交易所的产生与发展、交易所的组织及其业务、交易所的作用等相关内容。

第五，研究信用与货币关系。这里主要研究信用条件下的货币流通规律，包括货币供给与需求。研究货币供给量与信用的关系及其决定因素，货币需求量与信用的关系及其决定因素，货币供求关系及其流通规律。

（4）第四篇分析股份资本。这里要在《资本论》第三卷对股份经济论述的基础上，深入研究两个方面的内容：一是要深入研究股份公司。要研究股份公司的本质和建立条件；股份公司的产生和发展；股份公司的特征和类型；股份公司的治理结构，股份公司的作用。二是要研究证券市场。要重点研究股票、债券等有价证券的特点；有价证券的发行和交易，有价证券价格的确定。三是在《资本论》第三卷基础上继续研究虚拟资本和现实资本的关系，重点是研究虚拟资本的发行数量对实体经济的影响及其机制。

2.《土地所有制》分册的主要内容

在《资本论》中，马克思重点考察了土地所有权的本质和特征，分析了地租的两种形式即级差地租和绝对地租，然后考察了非农业地租和土地价格

---

① 马克思：《1857—1858 年经济学手稿》，《马克思恩格斯全集》第 31 卷，人民出版社 1998 年版，第 67 页。

的决定。在《土地所有制》分册中，要继续深入研究以下内容：

第一，深入研究土地产权制度。在《资本论》中，马克思指出地租是资本主义土地所有权在经济上借以实现的形式。这里，所有权可以分为所有、占有、使用、收益四个权利，要研究两权分离甚至是三权分离条件下地租的实现形式。要研究产权分离的条件和形式，产权分离与地租的表现形式之间的关系。

第二，研究土地供求机制。研究土地供求的决定因素和影响因素，城乡土地供求的特点，土地价格决定的决定因素和影响因素，土地供求机制。

第三，研究土地市场。研究在土地所有权分离条件下的土地市场类型，不同土地市场的价格决定，城乡土地市场的影响因素，土地市场和房产市场的关系。

第四，研究土地价格。这里要研究地租和租金之间的关系。马克思指出："为了科学地分析地租，即土地所有权在资本主义生产方式基础上的独立的特有的经济形式，摆脱一切使地租受到歪曲和模糊不清的附加物而去纯粹地考察地租，是很重要的；另一方面，为了理解土地所有权的实际作用，甚至为了从理论上了解同地租的概念和性质相矛盾但毕竟表现为地租的存在方式的大量事实，认识造成这种理论混乱的因素，也是同样重要的。"①

第五，要研究土地利用。要研究土地耕作序列和土地肥力问题，研究土地报酬递减规律的适用性。马克思在分析李嘉图的土地报酬递减理论时指出，"毫无疑问，随着文明的进步，人们不得不耕种越来越坏的土地。但是，同样毫无疑问，由于科学和工业的进步，这种较坏的土地和从前的好的土地比起来，是相对地好的。"②

第六，要研究土地所有制的历史形式。在《资本论》中，马克思指出："对土地所有权的各种历史形式的分析，不属于本书的范围"，③ 而这恰恰是

① 《马克思恩格斯文集》第7卷，人民出版社2009年版，第704页。

② 马克思：《马克思致恩格斯》（1851年1月7日），《马克思恩格斯全集》第27卷，人民出版社1972年版，第176页。

③ 《马克思恩格斯文集》第7卷，人民出版社2009年版，第693页。

《土地所有制》分册要重点研究的内容。要通过考察土地所有制的产生和发展历史，了解封建社会土地所有制是如何演变为资本主义土地所有制的，在这种演变过程中以地主和农奴为核心的封建制生产关系如何转变为劳资关系的，地主和农奴在这个转变过程中所起的作用是什么。

总之，通过对土地所有制的分析，既要把握土地与人的关系，了解人在使用土地时应遵循的规律，研究如何高效地利用土地；又要把握不同土地所有制背后所体现的人与人的生产关系，把握这些生产关系的实质，通过深入研究不同土地所有制的产生和发展历程，把握土地再生产和土地生产关系再生产的规律。

3.《雇佣劳动》分册的主要内容

在《资本论》中，马克思考察了雇佣工人的产生，雇佣工人劳动力价值的决定因素，指出工资是劳动力价值或价格的转化形式，并分析了工资的两种形式和工资的国民差异。《雇佣劳动》分册要在《资本论》研究的基础上，重点研究以下内容：

（1）要继续研究工资的决定因素。马克思指出决定劳动力价值的因素由三部分组成：劳动者本人所需要的生活资料价值、劳动者子女所需要的生活资料价值、一定的教育和培训费用。同时，劳动力价值决定还包括历史和道德的因素。这里要重点分析不同国家在不同发展阶段和不同文化背景下劳动力价值的决定因素。

（2）要研究工资的不同形式。要继续研究名义工资和实际工资、计时工资和计件工资的关系，还要研究奖金、保险金等工资的具体形式。

（3）研究最低工资的确定问题。要研究最低工资的决定因素，并研究不同国家在不同发展阶段最低工资的决定问题。

（4）研究劳动力市场。研究劳动力供给的决定因素和影响因素，分析劳动力需求的决定因素，研究劳动力市场均衡问题。

（5）研究相对过剩人口问题。要继续研究相对过剩人口的表现形式，研究不同国家在不同发展阶段相对过剩人口的主要影响因素。研究就业与经济增长的关系。

（6）研究雇佣劳动工人的发展历史。马克思指出："在现实的历史上，雇佣劳动是从奴隶制和农奴制的解体中产生的，或者像在东方和斯拉夫各民族中那样是从公有制的崩溃中产生的，而在其最恰当的、划时代的、囊括了劳动的全部社会存在的形式中，雇佣劳动是从行会制度、等级制度、劳役和实物收入、作为农村副业的工业、仍为封建的小农业等等的衰亡中产生的。"①

（7）研究工人运动和共产主义运动。研究工人运动的发展历程，研究工人运动与共产主义运动相结合的历史进程。

4.《国家》分册的主要内容

《国家》分册研究国家在经济中的作用。这是《资本论》没有系统研究的内容。根据马克思的论述，要重点研究以下内容：

（1）研究国家本身。研究国家的起源和发展。研究如何由奴隶制国家、封建制国家演变为资本主义国家。分析资本主义国家的阶级构成及其性质。

（2）研究"非生产"阶级。从生产劳动和非生产劳动的概念出发，研究国家管理人员作为非生产阶级在整个社会生产中的作用，研究资本主义国家机构的演变及其职能，机构与机构之间的关系。

（3）研究财政收入。一是研究税收。分析税收的基本原则，税收与经济增长的关系，税收制度。二是分析国债。考察国债的产生和发展，国债的种类、结构和负担，考察国债与经济增长的关系。

（4）研究财政支出。研究财政支出的基本原则，财政支出的类型，财政支出与经济增长的关系。

（5）研究人口。研究城乡人口构成、人口迁移、人口变动对经济增长的影响。

（6）研究殖民地和向国外移民。

5.《对外贸易》分册研究的主要内容

对外贸易分析研究国家对外经济关系。在《资本论》中，马克思在研究国际价值论时涉及国家对外经济关系的理论基础。根据马克思的论述，重点

---

① 马克思：《1857—1858年经济学手稿》，《马克思恩格斯全集》第30卷，人民出版社1995年版，第15页。

研究以下内容：

（1）研究国际分工。研究国际分工产生和发展的原因，本国与其他国家产业结构对比研究。

（2）研究国际交换。研究本国与其他国家市场比较，本国与其他国家贸易特点与发展趋势。

（3）研究商品和服务进出口。研究本国商品和服务进出口特点、差额及其原因分析。

（4）研究直接投资。研究本国与其他国家的相互间投资特点，直接投资对经济发展的影响。

（5）研究汇率。研究汇率产生的原因，汇率的决定因素，汇率与利率的关系，汇率变动对经济发展的影响。

6.《世界市场》分册研究的主要内容

世界市场研究资本主义国家之间的总关系。根据马克思的论述，主要研究以下内容：

（1）研究世界市场的形成、发展和经济全球化。研究世界市场形成条件、制度基础、世界市场发展历程和经济全球化。马克思指出：“资产阶级，由于一切生产工具的迅速改进，由于交通的极其便利，把一切民族甚至最野蛮的民族都卷到文明中来了。它的商品的低廉价格，是它用来摧毁一切万里长城、征服野蛮人最顽强的仇外心理的重炮。它迫使一切民族——如果它们不想灭亡的话——采用资产阶级的生产方式；它迫使它们在自己那里推行所谓的文明，即变成资产者。一句话，它按照自己的面貌为自己创造出一个世界。”①

（2）研究世界市场的运行机制。研究资本和劳动如何在全球市场上流动，资本和劳动在全球市场流动背后的体制机制因素。

（3）研究世界市场形成的作用。马克思指出：“随着资产阶级的发展，随着贸易自由的实现和世界市场的建立，随着工业生产以及与之相适应的生活

① 马克思：《共产党宣言》，《马克思恩格斯文集》第2卷，人民出版社2009年版，第35-36页。

条件的趋于一致，各国人民之间的民族分隔和对立日益消失……人对人的剥削一消灭，民族对民族的剥削就会随之而消灭。民族内部的阶级对立一消失，民族之间的敌对关系就会随之消失。”①

（4）研究世界经济危机。马克思指出，“资产阶级生产的一切矛盾，在普遍的世界市场危机中集中地爆发，而在特殊的（按内容和范围来说是特殊的）危机中只是分散地、孤立地、片面地爆发”。②“世界市场危机必须看做是资产阶级经济一切矛盾的现实的综合和暴力方式的平衡。因此，在这些危机中综合起来的各个因素，必然在资产阶级经济的每一个领域中出现并得以展开。”③

（5）研究资本主义发展的历史趋势。经济危机将最终导致资本主义社会的灭亡。这是马克思的最终结论。只有在资本主义世界危机后，才会出现个人所有制。

第三节　对马克思理论“六册计划”的不同见解

围绕六册计划，主要的争论围绕六册计划与《资本论》的关系展开。

1859年马克思出版了六册计划中第一分册中的商品章和货币章，马克思随后继续写作第一分册“资本一般”篇的第二部分。在这个过程中，又写成了一个包括23个笔记本的《1861—1863年经济学手稿》。在致库格曼的信中，马克思指出：第二部分“是第一册的续篇，将以《资本论》为标题单独出版，而《政治经济学批判》这个名称只作为副标题。其实，它只

① 马克思：《共产党宣言》，《马克思恩格斯文集》第2卷，人民出版社2009年版，第50页。

② 马克思：《剩余价值理论》，《1861—1863年经济学手稿》，《马克思恩格斯全集》第34卷，人民出版社2008年版，第605页。

③ 马克思：《剩余价值理论》，《1861—1863年经济学手稿》，《马克思恩格斯全集》第34卷，人民出版社2008年版，第578页。

包括本来应构成第一篇第三章的内容，即《资本一般》。这样，这里没有包括资本的竞争和信用。这一卷的内容就是英国人称为‘政治经济学原理’的东西”。① 可见，在这里，马克思已经改变了原先以《政治经济学批判》为标题出版著作的计划。1867 年《资本论》第一卷出版。在《资本论》第一卷第一版序言中，马克思指出：“这部著作的第二卷将探讨资本的流通过程（第二册）和总过程的各种形式（第三册），第三卷即最后一卷（第四册）将探讨理论史。”② 马克思逝世后，恩格斯将马克思设想的第二卷第二册、第三册改为《资本论》第二卷和第三卷出版，至于马克思设想的第三卷，现在则通称为《资本论》第四卷。

《资本论》出版后，六册计划和《资本论》是什么关系？大体上有三种不同的见解：“‘计划改变’说（即马克思在写作《资本论》的过程中放弃了原来‘六册结构’计划，而代之以现行的‘四卷结构’）、‘未变’说和‘部分改变’说。”③ 汤在新认为，《资本论》出版后，六册计划仍然具有充分的科学意义。“马克思并不认为《资本论》已经结束了对资本主义经济关系的研究，也不认为他的《资本论》包括了全部关于资本主义经济关系的理论考察。马克思只是认为，他的《资本论》研究了资本主义经济关系的核心，从而为进一步探讨资本主义经济关系更为具体而现实的形式奠定了基础。从‘六册计划’可以看出，在马克思那里，政治经济学并不只是生产关系的一般性质及其内在规律，而且还要研究这些本质关系在现实经济生活中所呈现的种种具体形式，要研究经济规律得以实现和贯彻的机制，总之，要研究在一定关系下的生产的总体，或者说，要研究生产怎样在一定关系下进行的。”④

那么，如何看待六册计划与《资本论》的关系？

（1）马克思的《资本论》是在批判地继承六册计划基础上形成的，但六

---

① 马克思：《马克思致路·库格曼》（1862 年 12 月 28 日），《马克思恩格斯全集》第 30 卷（上），人民出版社 1974 年版，第 636 页。

② 《马克思恩格斯文集》第 5 卷，人民出版社 2009 年版，第 13 页。

③ 许兴亚：《马克思经济学著作的“六册计划”与〈资本论〉——读〈〈资本论〉续篇探索〉一书的思考》，《中国社会科学》，1997 年第 3 期。

④ 汤在新：《马克思经济学手稿研究》，武汉大学出版社 1993 年版，第 224 页。

册计划毕竟不是《资本论》。《资本论》作为工人阶级的圣经和马克思主义的百科全书，其理论价值和实践价值是六册计划所无法比拟的。所以，在谈论六册计划时，切忌将六册计划的理论价值提得过高。

（2）六册计划有很多理论上的闪光点，但不少内容并没有系统论述。马克思虽然提出了六册计划，但是，从他后来写作的过程可以看到，他主要的精力都放在六册计划第一册的第一篇上。至于六册计划第一册第二至四篇，第二册至第六册，马克思基本没有着力，更多的只是提出一个框架、构想。所以，六册计划确实有很多闪光点，但这些闪光点都还没有成型，没有成为系统的理论。

（3）在当今条件下讨论六册计划，侧重点要放在六册计划对于思考经济学分析框架的价值。虽然六册计划中的一部分观点马克思在《资本论》中没有得到表述，但客观地说，六册计划的很多观点经过马克思进一步修改、调整，已经在《资本论》中得到了相当充分的表述。所以，当今条件下讨论六册计划，更多地应当强调其对我们构建经济学分析框架的指导意义。这表现在：首先，马克思将经济学分为六册研究，这种从简单到复杂、从抽象到具体的构建经济学框架体系的思路是值得借鉴的。其次，在马克思的研究计划中，不存在理论经济学和应用经济学之分的。而当今我们将经济学分为理论经济学和应用经济学二个一级学科，在一级学科下面又分若干二级学科，这种分法是否科学值得商榷。最后，当今理论经济学有所谓的政治经济学和西方经济学之争，但从马克思的六册计划可以看出，马克思的经济学就是在批判地继承当时的主流经济学基础上建立起来的，所以，理论经济学只能有政治经济学一门学科，而不能有两门学科。

第四节　马克思理论“六册计划”的现实意义

当前条件下学习六册计划，具有如下意义：

一、六册计划说明马克思对经济学的构思是非常宏大的，这对于我们反思政治经济学的研究对象具有重要意义

一般认为，政治经济学主要研究生产方式以及与之相联系的生产关系。在研究生产方式和生产关系时，有狭义和广义之分。狭义就研究直接生产过程，广义研究直接生产、流通、分配和消费四个环节在内的生产过程。从六册计划可以看出，马克思对经济学的研究范围是非常广泛的。在六册计划中有专门的《国家》分册。研究国家，就是研究上层建筑。这是传统政治经济学研究对象所没有包括的。传统政治经济学认为经济基础决定上层建筑，上层建筑包括政治和法律。一旦将国家纳入经济学的研究对象，就意味着将政治问题和法律问题纳入经济学的研究视野，这突破了当代社会科学将政治学、法学与经济学分工研究的做法，从而大大拓宽经济学的研究视野。现在方兴未艾的法经济学、寻租经济学、公共管理经济学，都说明可以用经济学的思路和方法来研究上层建筑。所以，政治经济学有必要根据六册计划的分析框架，将法律、政治甚至将意识形态问题纳入经济学的分析框架，从而不断拓展经济学的研究范围。

二、要发展地看待马克思主义经济学

研究六册计划，就是研究马克思主义经济学创作史。从这个创作史可以看出，马克思的经济学理论，经历了从五篇结构到六册计划再到《资本论》的发展历程。这个发展历程本身反映出马克思主义经济学就是一个发展的理论体系。现在有观点认为马克思主义过时了，原因在于现在的时代环境与马克思所处的时代发生了很大的变化。例如，马克思当时所处的是自由竞争资本主义时代，现在的时代是垄断资本主义时代；马克思讲的是私人资本主义，现在是股份制资本主义；马克思讲的是阶级斗争学说，而现在社会结构多元化。这些似是而非的观点在实践中对马克思主义经济学造成了信任危机。实际上，从马克思六册计划可以看出，马克思创作史本身就是一部丰富的马克

思主义经济学发展史。马克思主义经济学自身就是根据时代的变化、根据认识水平的不断提高而不断发展的。正是在这种发展中，才实现了马克思主义的与时俱进。因此，虽然现在时代环境与马克思所处的时代发生了很大的变化，但这种变化对马克思主义的发展既是挑战，更是机遇。如果马克思主义故步自封，不再发展、容纳其他学科的优秀成果，那么马克思主义就很难发展。但是，只要马克思主义能够不断吸纳其他学科的有益成果和实践经验，则时代的发展对马克思主义发展就意味着是机遇。从目前来看，我国正是以马克思主义为指导，不断推进马克思主义中国化，形成了毛泽东思想、邓小平理论、三个代表重要思想、科学发展观和习近平同志系列重要讲话精神等重大理论，从而推进了中国特色社会主义政治经济学的建立和发展。

三、六册计划对于当前构建中国特色社会主义政治经济学理论框架具有重要启示

中共十一届三中全会以来，我们大胆吸收和借鉴人类社会尤其是资本主义社会经济发展的有益经验，深刻把握时代特征和国际经济政治发展趋势，从我国国情出发，在总结新中国成立以来我国经济发展正反两方面经验的基础上，解放思想，实事求是，不断推进实践基础上的经济理论创新，形成了一系列重要理论成果。这些理论成果包括关于社会主义本质的理论、关于社会主义初级阶段理论、关于“四个全面”的理论、关于基本经济制度的理论、关于社会主义市场经济理论、关于生产要素参与收入分配的理论，关于经济新常态的理论，关于树立和落实创新、协调、绿色、开放、共享的发展理念的理论，关于供给侧结构性改革等等。这些新思想、新观点、新论断，集中体现在邓小平理论、“三个代表”重要思想、科学发展观之中，集中体现在习近平总书记系列重要讲话精神中。那么，如何以这些理论创新成果为指导，提炼和总结我国经济发展实践的规律性成果，把实践经验上升为系统化的经济学说，从而构建出既符合马克思主义经济学基本原理、又反映现代市场经济运行一般规律和特点、又立足我国国情和发展实践的中国特色社会主义政

治经济学理论体系，成为摆在当前理论工作者面前的突出任务。现在，虽然有不少学者对此进行了有益探索，但总的来看这些探索还是初步的。所以，未来要构建中国特色社会主义政治经济学，首要的问题就是要解决理论框架构建问题。这就要求我们借鉴马克思研究资本主义经济制度的六册框架，首先研究中国特色社会主义社会的内部经济结构，然后研究国家治理，接着研究对外经济关系，最后研究世界经济和政治关系。研究中国特色社会主义社会的内部经济结构是中国特色社会主义政治经济学理论的核心，要重点研究经济范畴后面所反映的阶级关系及其经济生活条件。只有这样，才能从抽象到具体，构建起逻辑和历史相一致的理论框架。

具体说来，中国特色社会主义政治经济学要构建四分法的分析框架。所谓四分法的理论框架，就是将中国特色社会主义政治经济学理论框架分为4篇：第一篇叫前提篇，研究社会主义制度建立的前提和社会主义初级阶段产生的前提；第二篇叫本质篇，研究社会主义初级阶段的本质；第三篇叫运行篇，研究社会主义初级阶段经济运行的规律及其具体表现；第四篇叫趋势篇，研究社会主义初级阶段经济发展趋势。

根据该分析框架，我们可以构建如下中国特色经济学理论体系：

第一篇：中国特色社会主义经济的产生前提，分三章：第一章研究中国特色社会主义的起源，即研究社会主义从空想社会主义、科学社会主义、列宁主义、斯大林主义、毛泽东思想再到中国特色社会主义的历史演变过程。第二章研究社会主义初级阶段，研究中国特色社会主义的阶段划分；研究我国处在社会主义初级阶段理论的内涵及其意义、主要矛盾和基本路线。第三章研究中国特色经济学产生的前提。主要研究社会主义基本经济制度的产生过程及其作用。

第二篇：中国特色社会主义经济的本质。分两个层次研究：第一个层次从所有制层面研究社会主义基本经济制度。首先研究公有制经济的本质，主要分析公有制经济的本质、在公有制企业中是否存在剥削；其次研究非公有制经济的本质，主要分析非公有制企业的本质，如何看待社会主义初级阶段非公有制经济的剥削问题；最后研究社会主义初级阶段基本经济制度的本质，主要分析混合所有制经济的本质。第二个层次从生产目的层面研究初级阶段生产本质，主要研究社会主义初级阶段经济发展战略和全面建成小康社会，要分析共同富裕的含义及其实现步骤。

第三篇：中国特色社会主义经济的运行规律。分三个层次研究：第一个层次是研究中国特色经济学的生产规律。研究国企改革、国有资产管理体制、集体所有制企业改革、非公经济企业制度创新，研究劳动就业制度改革与工资制度改革；第二个层次研究中特经济学的流通规律。研究我国从计划经济运行机制向社会主义市场经济运行机制的转变，研究社会主义市场经济的运行机制、价值规律、货币流通规律。第三个层次研究中特经济学的生产总过程规律。研究经济新常态理论；新型工业化、信息化、城镇化、农业现代化、生态化五化协调发展理论；金融体制改革；深化农村改革与土地制度改革；社会主义初级阶段分配制度；经济全球化与我国对外开放；社会主义国家宏观调控。

第四篇：中国特色社会主义经济的发展趋势。分三章：第一章研究中国社会主义市场经济模式与资本主义市场经济模式的比较；第二章研究中国特色社会主义市场经济模式的未来发展趋势；第三章是整个框架的结束，要指出共产主义社会是历史发展的必然趋势。

之所以构建四分法的分析框架及其理论体系，其依据是：

1. 该分析框架遵循唯物辩证法

唯物辩证法是马克思主义研究经济现象的根本指导方法。唯物辩证法是从动态、发展的角度来研究经济运动规律。在研究资本主义经济运动规律时，马克思将资本主义社会理解为“有机体”，研究资本主义社会产生、发展和灭亡的规律的。研究社会主义经济，也可以将社会主义社会理解为有机体，研究社会主义社会产生、发展的运动规律。四分法分析框架就是从动态的角度研究社会主义运动规律的。第一篇研究社会主义社会和社会主义初级阶段产生前提，就是研究社会主义社会是如何产生的，第二、三篇研究社会主义初级阶段的本质及其运行，就是研究社会主义初级阶段经济是如何发展的，第四篇分析社会主义社会未来发展趋势。唯物辩证法是从联系的环节把握经济运动规律。第三篇在分析社会主义初级阶段经济运行规律，是从国内与国际相互联系的角度、从生产、流通、分配、消费四环节相互关系的角度、从市场与政府关系的角度进行全面、系统的分析。这一篇是整个理论框架构建的重点和难点，它的构建遵循唯物辩证法的系统论和条件论。唯物辩证法是从实践出发研究经济运动规律。中国特色社会主义政治经济学扎根于中国改革开放的实践。实践孕育了中国特色社会主义政治经济学。该分析框架将改革开放以来的新思想新观点系统地吸收进该分析框架中去，它符合从实践出发、而不是从本本出发研究事物规律是马克思主义哲学的根本特征。

2. 该分析框架与传统政治经济学分析框架一脉相承

在《资本论》中，马克思是按照资本的生产、流通、总过程这三个环节来分析资本主义经济的。马克思分析资本主义经济的三个环节可以进一步拓展为四分法：

（1）在分析资本主义生产时，马克思指出劳资关系的出现是资本主义生产的前提。没有劳资关系的出现，就没有资本主义社会。马克思是从逻辑和历史相结合的层面进行分析的。从逻辑的角度看，这是通过《资本论》第一卷第二篇“劳动力转化为商品”给予明确表述的。从历史的角度看，这是在《资本论》第一卷第七篇通过阐述劳动者和生产资料相分离的资本原始积累理论予以阐述的。从所有制的角度分析，这就意味着生产资料资本主义私有制是资本主义经济运行的前提条件。

（2）在明确资本主义生产前提后，就要研究资本主义经济的运行规律。围绕揭示该运行规律，马克思的分析分为两点：首先要明确资本主义生产的本质，即解决资本主义生产是为谁生产的问题。因此，在《资本论》第一卷第二篇分析资本主义生产的前提条件后，紧接着《资本论》第一卷第三篇“绝对剩余价值的生产”就要揭示资本主义生产的本质。资本主义生产的本质就是要追求剩余价值。其次，要研究资产阶级是如何追求剩余价值的，生产的剩余价值是如何进行分配的。从《资本论》第一卷第四篇到《资本论》第三卷，马克思花了绝大部分笔墨来研究资本主义经济的运行规律。

（3）要回答资本主义向何处去的问题。在《资本论》第一卷第七篇第二十四章，马克思回答了资本主义发展的历史趋势，指出资本主义私有制的丧钟必然要敲响。从逻辑上看，在《资本论》第一卷而不是《资本论》第三卷回答这个结论似乎不太符合逻辑，但是，正如恩格斯指出的，《资本论》第一卷实际上是“独立”的著作，因此，在《资本论》第一卷结束谈论资本主义发展的历史趋势是符合逻辑的。

因此，《资本论》三卷可以从前提、本质、运行、趋势的角度进行进一步分析。这符合马克思的分析逻辑，也是对资本主义生产、流通、分配、消费四环节分析法的进一步深化。

3. 该分析框架能够凸显中国特色

改革开放近40年的实践，核心是要回答“什么是社会主义、如何建设社会主义”这个根本问题。现在，这个问题中央已经给予明确的回答。我们所理解的社会主义，是中国特色社会主义。我们所要建设的社会主义，是中国特色社会主义。中国特色社会主义是诞生于中国本土、诞生于改革开放实践的社会主义，它不等同于马克思、恩格斯所设想的科学社会主义，也不等同于苏联社会主义，也不等同于我国改革开放前的社会主义等同，更不能将中国特色社会主义与民主社会主义、生态社会主义等形形色色的社会主义相等同。从经济学角度回答这个根本问题，可以分为四个层次：第一个层次是回答中国特色经济学的前提，也就是为什么会产生中国特色经济学的问题。第二个层次是回答中特经济学的本质，也就是中特经济学的本质及其特征，中特经济学与西方经济学、社会主义计划经济学等其他学科的区别。第三个层次是要揭示中特经济学的运行规律。当然，由于中特经济学是实践中的经济学，我们对这些规律的理解、概括和总结可能存在这样或那样的局限性，但这并不妨碍我们对规律的总结、提炼。第四个层次是揭示中特经济学的发展趋势。四分法的分析框架恰恰是从这四个层次出发，从而在经济层面系统地回答“什么是社会主义、如何建设社会主义”这个根本问题。

因此，四分法的分析框架遵循唯物辩证法，与传统政治经济学分析框架一脉相承，同时，能够凸显本土特色，因此，它可以成为研究中特经济学的理论分析框架。

参考文献

1. 《马克思恩格斯文集》第5、6、7、8卷，人民出版社2009年版。

2. 《马克思恩格斯全集》第4卷、第26卷（上）（中）、第27卷、第29卷、30卷（上），人民出版社1958年、1972年、1973年、1972年、1974年版。

3. 《马克思恩格斯全集》第二版第30卷、第31卷、第34卷、第35卷，人民出版社1995年版、1998年版、2008年版。

4. 《列宁全集》第1卷，人民出版社1984年版。

5. 《列宁选集》第2卷，人民出版社2012年版。

6. 亚当·斯密：《国富论》，陕西人民出版社2001年版。

7. 魁奈：《魁奈〈经济表〉及著作选》，华夏出版社2006年版。

8. 马尔萨斯：《政治经济学原理》，商务印书馆1962年版。

9. 李斯特：《政治经济学的国民体系》，商务印书馆1961年版。

10. 萨伊：《政治经济学概论》，商务印书馆1963年版。

11. 李嘉图：《政治经济学及赋税原理》，华夏出版社2005年版。

12. 西斯蒙第：《政治经济学新原理》，商务印书馆1964年版。

13. 熊彼特：《经济分析史》第1卷，商务印书馆1991年版。

14. 许兴亚：《马克思经济学著作的"六册计划"与〈资本论〉——读〈〈资本论〉续篇探索〉一书的思考》，《中国社会科学》，1997年第3期。

15. 汤在新：《马克思经济学手稿研究》，武汉大学出版社1993年版。

16. 李江帆：《第三产业经济学》，广东人民出版社1990年版。

17. 成思危：《虚拟经济探微》，《虚拟经济理论与实践——第二届全国虚拟经济研讨会论文选》，南开大学出版社 2003 年版。

18. 刘骏民：《论西方国家虚拟资本的新发展》，《经济学动态》，1996 年第 12 期。

19. 刘骏民：《从虚拟资本到虚拟经济》，山东人民出版社 1998 年版。

20. 刘骏民：《虚拟经济的理论框架及其命题》，《虚拟经济理论与实践——第二届全国虚拟经济研讨会论文选》，南开大学出版社 2003 年版。

21. 李扬：《虚拟经济四题》，《虚拟经济理论与实践——第二届全国虚拟经济研讨会论文选》，南开大学出版社 2003 年版。

22. 苏联科学院经济研究所：《政治经济学教科书》，人民出版社 1956 年版。

23. 朱奎：《马克思主义经济思想史——欧美卷》，东方出版中心 2006 年版。

24. L. V. Bortkiewics. On the Correction of Marx's Fundamental Theoretical Construction in the Third Volume of Capital［A］Roberto Marchionatti. Karl Marx：Critical Response（Volume Ⅲ）［C］. New York：Routledge，1998：300-318.

25. L. V. Bortkiewics . Value and Price in the Marxian system［A］Roberto Marchionatti. Karl Marx：Critical Response（Volume Ⅲ）［C］. New York：Routledge，1998：238-299.

重要术语索引表